Anne of Green Gables

빨강머리 앤

빨강머리 앤

First edition : February 2010

TEL (02)2000-0515 | FAX (02)2271-0172
ISBN 978-89-17-23765-8

YBM Reading Library 는 ...

쉬운 영어로 문학 작품을 즐기면서 영어 실력을 크게 향상시킬 수 있도록 개발된 독해력 완성 프로젝트입니다. 전 세계 어린이와 청소년들에게 재미와 감동을 주는 세계의 명작을 이제 영어로 읽으세요. 원작에 보다 가까이 다가가는 재미와 명작의 깊이를 느낄 수 있을 거예요.

350 단어에서 1800 단어까지 6단계로 나누어져 있어 초·중·고 어느 수준에서나 자신이 좋아하는 스토리를 골라 읽을 수 있고, 눈에 쉽게 들어오는 기본 문장을 바탕으로 활용도가 높고 세련된 영어 표현을 구사하기 때문에 쉽게 읽으면서 영어의 맛을 느낄 수 있습니다. 상세한 해설과 흥미로운 학습 정보, 퀴즈 등이 곳곳에 숨어 있어 학습 효과를 더욱 높일 수 있습니다.

이야기의 분위기를 멋지게 재현해 주는 삽화를 보면서 재미있는 이야기를 읽고, 전문 성우들의 박진감 있는 연기로 스토리를 반복해서 듣다 보면 리스닝 실력까지 크게 향상됩니다.

세계의 명작을 읽는 재미와 영어 실력 완성의 기쁨을 마음껏 맛보고 싶다면, YBM Reading Library와 함께 지금 출발하세요!

YBM Reading Library

책을 읽기 전에 가볍게 워밍업을 한 다음, 재미있게 스토리를 읽고, 다 읽고 난 후 주요
구문과 리스닝까지 꼭꼭 다지는 3단계 리딩 전략! YBM Reading Library, 이렇게 활용
하세요.

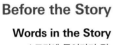

Before the Story

Words in the Story
스토리에 들어가기 전,
주요 단어를 맛보며 이야기의
분위기를 느껴 보세요~

Marilla went to talk to Anne.

"You can punish me as you want," said Anne.
"You can throw me in a deep dark prison.
But I won't apologize."

"We don't put people in deep dark prisons in
Avonlea," said Marilla.
"But you will have to apologize to Mrs. Lynde."

"I won't," said Anne. "I'll stay in my room forever."

"Stay here if you want to," said Marilla.
"But you said you'd try to be a good girl while you
live at Green Gables."

★ That night, Matthew quietly went to Anne's room.
Anne was sitting sadly by the window.

"Anne," he said, "why don't you say you're sorry?
Both you and Mrs. Lynde said things you shouldn't
have. I want you to learn how to forgive."[1]

"I was very angry before," said Anne, "but I'm sorry
now. I'll apologize if you want me to."

"Yes, do please," said Matthew.
"It's lonely downstairs without you."

In the Story

★ 스토리
재미있는 스토리를 읽어요. 잘 모른다고
멈추지 마세요. 한 페이지, 또는 한 chapter를
끝까지 읽으면서 흐름을 파악하세요.

★★ 단어 및 구문 설명
어려운 단어나 문장을 마주쳤을 때,
그 뜻이 알고 싶다면 여기를 보세요.
나중에 꼭 외우는 것은 기본이죠.

★★ ☐ punish 벌주다, 처벌하다
☐ as you want 당신이 원하는 대로
☐ throw 던지다
(throw-threw-thrown)

☐ prison 감옥, 감옥 같은 곳
☐ apologize to …에게 사과하다
☐ both A and B A와 B 둘 다
☐ lonely 외로운, 쓸쓸한

34 · Anne of Green Gables

★★★ 돌발 퀴즈
스토리를 잘 파악하고
있는지 궁금하면 돌발 퀴즈로
잠깐 확인해 보세요.

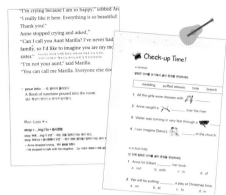

"I'm crying because I am so happy," sobbed An...
"I really like it here. Everything is so beautiful!
Thank you!"
Anne stopped crying and asked, ˚
"Can I call you Aunt Marilla? I've never had...
family, so I'd like to imagine you are my mo...
sister."
"I'm not your aunt," said Marilla.
"You can call me Marilla. Everyone else doe...

1 **pour into** ~을 쏟아져 들어오다
A flood of sunshine poured into the room.
많은 햇살이 방안으로 쏟아져 들어왔다.

Mini-Less ● n

stop + ...ing /to + 동사원형
stop 뒤에 ...ing 가 오면 ~하던 것을 멈추다 라는 뜻이 되고,
stop 뒤에 to + 동사원형이 오면 ~하기 위해 (동작을) 멈추다 라는 뜻이 ...
· Anne stopped crying. 앤이 울음을 멈췄다.
· He stopped to talk with his neighbor. 그는 이웃과 대화하기 위해 멈춰 ...

Mini-Lesson
너무나 중요해서 그냥 지나칠 수 없는
알짜 구문은 별도로 깊이 있게 배워요.

★★★ ❓ **앤이 사과를 해야 하는 사람은?**
└ a. Matthew   b. Marilla   c. Mrs. Lynde
(정답 p. 208)

1 **how to + 동사원형** …하는 법
I want you to learn how to forgive. 나는 네가 용서하는 법을 배웠으면 좋겠구나.

Chapter 2 • 35

🎸 **Check-up Time!**

● WORDS
알맞은 단어를 보기에서 골라 문장을 완성하세요.

| wedding | puffed sleeves | hole | branch |

1 All the girls wore dresses with ___
2 Anne caught a ___ over the river.
3 Water was coming in very fast through a ___
4 I can imagine Diana's ___ in the church.

● STRUCTURE
빈 칸에 알맞은 단어를 골라 문장을 완성하세요.

1 Anne hit Gilbert ___ her book.
   a. out   b. with   c. in   d. of

2 We will be putting ___ a play at Christmas time.
   a. on   b. at   c. to   d. for

Check-up Time!
한 chapter를 다 읽은 후 어휘, 구문,
summary까지 확실하게 다져요.

Focus on Background
작품 뒤에 숨겨져 있는 흥미로운 이야기를
읽으세요. 상식까지 풍부해집니다.

After the Story

Reading X-File 이야기 속에 등장했던
주요 구문을 재미있는 설명과 함께 다시 한번~

Listening X-File 영어 발음과 리스닝 실력을 함께
다져 주는 중요한 발음법칙을 살펴봐요.

MP3 Files
www.ybmbooksam.com에서 다운로드 하세요!

YBM Reading Library

이제 아름다운 이야기가 시작됩니다

Anne of Green Gables

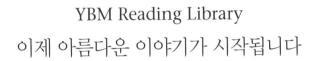

_ Before the Story

_ In the Story

Chapter 1

Chapter 2

Lucy Maud Montgomery (1874~1942)

루시 모드 몽고메리는…

캐나다 프린스 에드워드 아일랜드(Prince Edward Island)에서 태어났다. 두 살 때 어머니를 여의고, 외조부모의 농장에서 평화로운 유년 시절을 보냈다. 어렸을 때부터 책 읽기와 글쓰기를 좋아해 아홉 살에 처음으로 시를 쓴 이후 쉬지 않고 습작 활동을 이어갔다.

1908년에 그녀의 첫 작품인 〈빨강머리 앤(Anne of Green Gables)〉을 집필해 큰 성공을 거두었다. 이후에도 앤 시리즈 8권, 아버지를 잃고 농장에서 살게 된 소녀의 이야기인 에밀리 시리즈 〈에밀리 초원의 빛(Emily of New Moon, 1923)〉, 〈에밀리 영혼에 뜨는 별(Emily Climbs, 1925), 〈에밀리 여자의 행복(Emily's Quest, 1927)〉 3권을 비롯한 많은 소설과 시집 등을 출간하며 왕성한 작품 활동을 펼쳤으며 이를 인정받아 캐나다 프레스 클럽 최고영예 회원으로 추대되었고 영국 제국훈장과 프랑스 예술원 최고메달을 수상하며 작가로서의 역량을 인정받았다.

주변 이웃들의 따뜻한 인심과 슬픔, 그리고 자연의 아름다움을 특유의 풍부한 감성적 문체로 그려낸 작가는 대표작 〈빨강머리 앤〉으로 세계적인 작가로 평가 받고 있다.

Anne of Green Gables

빨강머리 앤은 …

공상을 좋아하고 늘 실수투성이이지만, 절대 미워할 수 없는 소녀, 앤의 이야기이다. 어렸을 때 부모를 잃고 농장에서 생활한다는 점은 작가의 어린 시절과 비슷해 작가의 자전적인 느낌을 준다.

캐나다의 한적한 마을 애번리의 그린 게이블즈에 조용하고 차분한 성격의 매튜와 마릴라 남매가 살고 있다. 이들은 매튜의 농장 일에 도움을 받기 위해 소년을 입양하기로 결정하고 고아원에 부탁하지만, 실수로 상상력이 풍부한 수다쟁이 소녀 앤이 그린 게이블즈에 오게 된다. 앤은 엉뚱하고 웃지 못할 실수를 계속하지만 매튜와 마릴라에게 기쁨을 선사하며 서로 마음을 열고 점차 한 가족이 되어간다. 단짝 친구 다이애나와 함께 학교에 간 앤은 자신의 빨강머리를 놀린 길버트를 경쟁상대로 삼아 열심히 공부해 교사가 되기 위해 대학에 진학한다. 하지만 매튜가 사망하고 마릴라의 건강이 나빠지자 학업을 포기하고 그린 게이블즈에 머물기로 결심한다.

엉뚱하지만 사랑스러운 빨강머리 소녀 앤은 탄생한 지 100년이 넘었지만 지금까지 전세계적으로 가장 사랑 받는 캐릭터 중의 하나로 많은 이들의 가슴에 남아 있다.

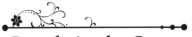

People in the Story

빨강머리 앤에 등장하는 인물들에 대해 살펴볼까요?

Matthew

앤의 든든한 후원자. 과묵하지만
기차역에서 앤을 데려온 순간부터
한결 같은 마음으로 앤을
아끼고 사랑한다.

Marilla

그린 게이블즈의 안주인. 처음에는 앤을
달가워하지 않았지만 시간이 지나며 점점
앤을 사랑하고 의지하게 된다.

Mrs. Lynde

마릴라의 친구. 수다스럽고 남의 일에 관심이
많아 애번리의 모든 소식을 알고 있다.

Anne

공상을 좋아하는 실수투성이의 소녀.
어렸을 때 부모를 여의었지만
애번리의 그린 게이블즈에서 매튜와
마릴라와 함께 살며
가족의 사랑과
따뜻함을
알게 된다.

Gilbert

잘생기고 공부도 잘하는 소년. 앤을
홍당무라고 놀려서 앤을 화나게 하지만
나중에 화해하고 좋은 친구가 된다.

Diana

앤의 단짝 친구. 애번리에서 만나
앤과 영원한 우정을 약속한 친구로
앤의 기쁨과 슬픔 모든 것을 함께 나눈다.

Words in the Story

빨강머리 앤에 나오는 단어들을 미리 살펴볼까요?

farm
농장

yard
마당

with a bright smile
환한 미소를 지으며

good-looking
잘생긴

long braids
길게 땋은 머리

red hair
빨강머리

play in the garden
정원에서 놀다

thin
마른

wear an apron
앞치마를 두르다

window
창문

smile at
…을 보고 미소 짓다

door
문

farm house
농가

dark hair
밤색 머리

best friend
단짝 친구

wear a puffed
sleeved dress
퍼프 소매가 달린 드레스를 입다

a Beautiful Invitation
– YBM Reading Library

Anne of Green Gables

Lucy Maud Montgomery

Green Gables

그린 게이블즈

Matthew Cuthbert was almost sixty years old.

He lived with his sister Marilla on their farm on

Prince Edward Island. 프린스 에드워드 아일랜드는 캐나다 대서양 연안에 위치한
작은 마을로 빨강머리 앤의 배경이 된 마을이에요.

Marilla was five years younger than him.

They were both tall and thin with dark hair.

Their farm house, Green Gables, was a lovely tall

house with a green roof.

It was near the town of Avonlea.

One afternoon Matthew drove to the train station.

He was wearing his best clothes and was very

excited.

"Has the five-thirty train arrived yet?"

☐ gable 박공 지붕
☐ farm 농장
☐ thin 마른, 살이 없는
☐ dark hair 밤색 머리
☐ roof 지붕
☐ town 마을
☐ drive 마차를 몰다

☐ train station 기차역
☐ wear (옷을) 입다
  (wear-wore-worn)
☐ yet (의문문에서) 벌써, 이미
☐ stationmaster 역장
☐ half an hour 30분
☐ on the platform 승강장에서

Matthew asked the stationmaster.

"Yes, it came half an hour ago,"

said the stationmaster.

"And there's a girl waiting for you on the platform."

"A girl?" said Matthew.

"But I've come for a boy, not a girl." [1]

---

1 **A, not B** B가 아니라 A

But I've come for a boy, not a girl.
하지만 저는 여자아이가 아니라 사내아이 때문에 왔어요.

Matthew went up to the little girl, but he was too
shy to speak. ☀

The girl was about eleven with a small freckled face. ¹

Her hair was red in long braids.

She looked at him with large green eyes.

"Are you Matthew Cuthbert from Green Gables?"
she asked in a high sweet voice.

"I'm very happy to come and live with you."

Matthew didn't know what to say. ²

He could not tell her he was expecting to meet
a boy.

"Oh, well," said Matthew. "Let's go home."

□ shy 수줍은, 겁이 많은
□ freckled 주근깨가 많은
□ braid (길게) 땋은 머리
□ be happy to+동사원형
　…해서 기쁘다

□ expect to+동사원형 …하기를
　기대하다, 기다리다
□ explain A to B A를 B에게 설명하다
□ mistake 실수, 착오
□ cart 마차

1　**be about+나이** …살 정도 되다
　The girl was about eleven with a small freckled face.
　소녀는 작고 주근깨가 많은 얼굴에 11살 정도 되어 보였다.

2　**what to say** 무슨 말을 해야 할지
　Matthew didn't know what to say.
　매튜는 무슨 말을 해야 할지 몰랐다.

He thought Marilla could explain the mistake to her. He took the girl to his cart and drove home.

Mini-Lesson

too + 형용사 (A) + to + 동사원형 (B) : 너무 A해서 B할 수 없다

너무 수줍어서 말을 할 수 없었다구요? '너무 …해서 ~할 수 없다' 라는 뜻의
「too + 형용사 + to + 동사원형」으로 표현해 보세요.

• He was too shy to speak. 그는 너무 수줍어서 말을 할 수 없었다.
• I was too sick to go outside. 나는 너무 아파서 밖에 나갈 수 없었다.

"My parents died when I was a baby," said the girl.

"I've always been poor and haven't got any beautiful dresses. But I just imagine that I'm wearing the most beautiful dress and a big hat with flowers on. Then I'm happy! [1] Do you imagine things sometimes?"

"Well, I ... I ... don't," said Matthew.

"Am I talking too much? Please tell me. I can stop if necessary."

Matthew smiled at her and said, "You can keep talking. I like listening to you."

Matthew was surprised that he enjoyed the journey home.

□ parents 부모
□ die 죽다
□ imagine 상상하다, 공상하다
□ if necessary 꼭 필요하다면
□ smile at …에게 미소 짓다

□ the journey home 집에 가는 길
□ at the door 현관문에서
□ orphanage 고아원
□ make a mistake 실수를 하다

1 **with + 명사 + on** …가 위에 달린
I'm wearing a big hat with flowers on.
저는 꽃들이 위에 달린 큰 모자를 쓰고 있어요.

When they arrived at Green Gables, Marilla was
waiting for them at the door.
"Matthew, who is she?" she asked.
"Where's the boy?"
"There wasn't a boy," said Matthew.
"The orphanage made a mistake."

The girl looked at Marilla and burst into tears. [1]

"You don't want me because I'm not a boy!"

she cried. "Nobody ever wanted me!"

"There's no need to cry," said Marilla.

"Yes, there is!" said the girl. "This is the worst thing

that has ever happened to me." ☀

"Don't cry any more," said Marilla.

"You can stay here just for tonight. Now, what's

your name?"

"Will you please call me Cordelia?" asked the girl.

"Cordelia? Is that your name?" asked Marilla.

"No, but it's a very elegant name," said the girl.

"I'd like to imagine that my name is Cordelia

because my real name is Anne Shirley. It's not a very

interesting name, is it?"

Marilla looked at Anne and sighed.

□ burst 갑자기 …하다
  (burst-burst-burst)
□ worst 최악의, 가장 나쁜
  (bad의 최상급)

□ happen 일어나다, 발생하다
□ call A B A를 B라고 부르다
□ elegant 우아한, 품위 있는
□ sigh 한숨을 쉬다

1 **burst into tears** 갑자기 울음을 터트리다
  The girl looked at Marilla and burst into tears.
  소녀는 마릴라를 쳐다보고 갑자기 울음을 터트렸다.

Mini-Less☀n

최상급 다음에 오는 ever의 의미는?

최상급 다음에 오는 ever는 흔히 현재완료 시제와 함께 '지금까지 …중 가장 ～한'이라는
뜻을 만들어 최상급의 의미를 더 강하게 만들어 줍니다.

- This is the worst thing that has ever happened to me.
  이것은 제게 일어난 일 중 최악의 일이에요.
- This book is the most interesting book I have ever read.
  이 책은 내가 지금까지 읽은 책 가운데 가장 흥미로운 책이다.

When Anne was in bed, Marilla and Matthew sat
at the table.

"We need a boy," said Marilla.

"A boy can help you with your work. [1]
We should send her back tomorrow."

"But Marilla, she's a nice little girl," said Matthew.

"And she wants to stay."

□ be in bed 자고 있다
□ send ... back …을 돌려보내다
□ sharply 날카롭게, 예민하게
□ housework 집안일, 가사일

□ village 마을
□ for a while 잠시 동안
□ be kind to …에게 친절하다

"So do you want to keep her?" asked Marilla sharply.

"We can give her a good home," said Matthew.

"But we don't need a girl!" said Marilla.

"You're right, Marilla," said Matthew, "but perhaps she needs us. And she can help you with the housework. I can get a boy from the village." [2]

Marilla thought for a while.

Then she said, "All right Matthew, she can stay."

Matthew smiled and said, "We should be kind to her. I think she needs a lot of love."

 _____ wanted to send Anne back.

a. Marilla
b. Matthew
c. Cordelia

---

1 **help + 목적어(A) + with + 명사(B)** A가 B하는 것을 돕다
A boy can help you with your work.
사내아이가 오라버니의 일을 도울 수 있잖아요.

2 **get A from B** B에서 A를 구하다[데려오다]
I can get a boy from the village.
내가 마을에서 사내아이를 구할 수 있을 거야.

Check-up Time!

● **WORDS**

알맞은 단어를 보기에서 골라 문장을 완성하세요.

worst	shy	elegant	freckled

1 Matthew was too _____ to speak.

2 The girl had a _____ face.

3 Anne thinks Cordelia is a very _____ name.

4 This is the _____ thing that has ever happened to me.

● **STRUCTURE**

빈 칸에 알맞은 단어를 골라 문장을 완성하세요.

1 Anne looked at Marilla and burst _____ tears.

   a. of   b. with   c. to   d. into

2 I'm wearing a big hat with flowers _____.

   a. in   b. to   c. on   d. up

본문의 내용과 일치하면 T, 일치하지 않으면 F에 표시하세요.

1 Anne's parents died when she was very young. ☐T ☐F

2 Matthew enjoyed talking with people. ☐T ☐F

3 Anne's real name was Cordelia. ☐T ☐F

4 Matthew wanted to keep Anne at Green Gables. ☐T ☐F

● SUMMARY

빈 칸에 맞는 말을 보기에서 골라 넣어 이야기를 완성하세요.

Anne was a little girl and had a small face with long red
(   ). Anne lost her parents when she was young and
lived in the (   ). She came to Green Gables and met
Matthew and Marilla. At first Marilla wanted to (   )
her back, but Matthew persuaded Marilla to (   ) Anne
at Green Gables.

a. keep

b. orphanage

c. braids

d. send

ANSWERS

Anne Finds a Home

앤, 집을 찾다

Next morning, Anne woke up early.

A flood of sunshine poured into the room. [1]

She slowly looked around the room.

"Oh, I'm at Green Gables!" said Anne.

"This is a beautiful place. I really want to live here."

□ **wake up** 잠이 깨다, 일어나다
　(wake-woke-woken)
□ **adopt** 입양하다, 양자로 삼다

□ **promise to+동사원형** …하기로
　약속하다
□ **sob** 흐느껴 울다, 흐느끼다

At the breakfast table, Marilla said,

"Well, Matthew and I decided to adopt you.

But we want you to promise to be a good girl."

Suddenly Anne started to cry.

"Why are you crying, child?" asked Marilla.

"I'm crying because I am so happy," sobbed Anne.

"I really like it here. Everything is so beautiful!

Thank you!"

Anne stopped crying and asked,※

"Can I call you Aunt Marilla? I've never had any

family, so I'd like to imagine you are my mother's

sister." family는 하인과 노예를 뜻하는 라틴어에 어원을 두고 있지만,
시간이 지나면서 '혈연으로 맺어진 관계'를 뜻하게 되었어요.

"I'm not your aunt," said Marilla.

"You can call me Marilla. Everyone else does."

---

1 **pour into** …로 쏟아져 들어오다
   A flood of sunshine poured into the room.
   많은 햇살이 방안으로 쏟아져 들어왔다.

Mini-Less ☀ n

stop + ...ing / to + 동사원형

stop 뒤에 ...ing가 오면 '…하는 것을 멈추다'라는 뜻이 되고,
stop 뒤에 to + 동사원형이 오면 '…하기 위해 (동작을) 멈추다'라는 뜻이 되니 주의하세요.

• Anne stopped crying. 앤이 울음을 멈췄다.
• He stopped to talk with his neighbor. 그는 이웃과 대화하기 위해 걸음을 멈췄다.

Anne was quiet for a short time.

Then she said, "Marilla, will I ever have a best friend in Avonlea?"

"Diana Barry is about your age," said Marilla. [1]

"She's visiting her grandmother now. But when she comes back, we'll visit her."

"Diana! What a beautiful name!" said Anne. ☀

One day Rachel Lynde came to visit.

She knew everything that happened in Avonlea.

"I've heard something surprising about you and [2] Matthew, Marilla," said Mrs. Lynde.

"Is it true that you've adopted a girl?"

"Yes, she's clever and interesting," said Marilla.

"Do you want to meet her? I'll call her."

□ quiet 조용한, 말이 없는
□ for a short time 잠시 동안
□ come to visit 방문하다
□ surprising 놀라운

□ clever 총명한, 영특한
□ interesting 재미있는
□ call …을 불러오다

1 **be about one's age** …의 나이 정도이다
Diana Barry is about your age.
다이애나 배리가 네 나이 정도야.

2 **something + 형용사** …한 것
I've heard something surprising about you and Matthew.
저는 당신과 매튜에 관해 놀라운 것을 들었어요.

Mini-Lesson

See p.92

What (a) + 형용사 + 명사 + (주어 + 동사)!

'정말 …하네요!'라는 감탄문은 What (a) 다음에 형용사와 명사를 쓰면 된답니다.
또 앞에 쓴 명사를 받는 대명사 주어와 동사를 뒤에 쓸 수도 있고 생략할 수도 있다는 것도
함께 알아두세요.

- What a beautiful name! 정말 아름다운 이름이네요!
- What an imaginative girl you are! 너는 정말 상상력이 풍부한 소녀구나!

A few minutes later, Anne ran into the house.
"Well, they didn't pick you for your looks, did they?"
said Mrs. Lynde.

□ pick 고르다, 선택하다
□ looks 외모, 생김새
□ turn to ···쪽으로 돌아서다
□ skinny 마른, 살이 없는
□ freckle 주근깨
□ rude 무례한

□ mean 못된, 야비한
□ hurt one's feelings ···의 감정
　〔기분〕을 상하게 하다
□ have trouble with ···와 문제가 생기다
□ defend ···의 편을 들다

She turned to Marilla.

"She's so skinny. And look at those freckles and that hair – red as carrots!"

Anne's face became very red.

"You are a rude mean woman and I hate you!" cried Anne.

"You've hurt my feelings. I'll never forgive you."

Anne burst into tears and ran out.

"Oh, what a terrible child!" said Mrs. Lynde.

"You will have a lot of trouble with her."

"You shouldn't have said those things about her, Rachel," said Marilla. "It was rude."

"I'm surprised that you're defending her," said Mrs. Lynde.

"I'm just sorry for you, that's all."

Mini-Lesson

See p.93

should not have + 과거분사형 동사: ···하지 말았어야 했다

'···하지 말았어야 했다'라며 과거에 일어난 일에 대해 후회할 때에는
「should not have + 과거분사형 동사」를 쓰세요. 또 '···했었어야 했다'라는 뜻의
「should have + 과거분사형 동사」도 함께 알아두세요.

- You shouldn't have said those things about her.
  당신은 그녀에 대해 그런 말을 하지 말았어야 했어요.
- He should not have bought that expensive car. 그는 저 비싼 차를 사지 말았어야 했다.

Marilla went to talk to Anne.

"You can punish me as you want," said Anne.

"You can throw me in a deep dark prison.

But I won't apologize."

"We don't put people in deep dark prisons in
Avonlea," said Marilla.

"But you will have to apologize to Mrs. Lynde."

"I won't," said Anne. "I'll stay in my room forever."

"Stay here if you want to," said Marilla.

"But you said you'd try to be a good girl while you
live at Green Gables."

That night, Matthew quietly went to Anne's room.

Anne was sitting sadly by the window.

"Anne," he said, "why don't you say you're sorry?
Both you and Mrs. Lynde said things you shouldn't
have. I want you to learn how to forgive." [1]

"I was very angry before," said Anne, "but I'm sorry
now. I'll apologize if you want me to."

"Yes, do please," said Matthew.

"It's lonely downstairs without you."

□ punish 벌주다, 처벌하다
□ as you want 당신이 원하는 대로
□ throw 던지다
  (throw-threw-thrown)
□ prison 감옥, 감옥 같은 곳
□ apologize to …에게 사과하다
□ both A and B A와 B 둘 다
□ lonely 외로운, 쓸쓸한

❓ 앤이 사과를 해야 하는 사람은?

ㄴ a. Matthew   b. Marilla   c. Mrs. Lynde

정답 ⊃

1   **how to + 동사원형** …하는 법

I want you to learn how to forgive. 나는 네가 용서하는 법을 배웠으면 좋겠구나.

□ how sorry I am 제가 얼마나 죄송한지
□ run off 달려가다
□ odd 특이한, 이상한

□ thing 아이, 녀석
□ enjoy ...ing ···하는 것을 즐기다
□ raise 기르다, 키우다

The next day, Anne and Marilla visited Mrs. Lynde's house.

"Oh, Mrs. Lynde," said Anne, falling on her knees. [1]

"I've come to say how sorry I am. Please say you forgive me. I'll be sad all my life if you don't!"

"Of course I forgive you," said Mrs. Lynde kindly.

"And I hope you'll forgive me, too."

"Oh, yes, Mrs. Lynde," said Anne with a bright smile. [2]

"Thank you so much. Oh, isn't it a lovely morning? Mrs. Lynde, may I go and play in your garden? It's so beautiful."

Anne ran off to play.

"She's an odd little thing," said Mrs. Lynde.

"But I think you might enjoy raising her, Marilla."

"Yes, it will certainly be interesting living with Anne," said Marilla.

---

[1] **fall on one's knees** …의 무릎을 꿇다
"Oh, Mrs. Lynde," said Anne, falling on her knees.
"오, 린드 아주머니." 앤이 무릎을 꿇으며 말했다.

[2] **with a bright smile** 환한 미소를 지으며
Anne said that with a bright smile.
앤은 환한 미소를 지으며 그렇게 말했다.

A few days later, Marilla gave Anne three new plain dresses.

"Get dressed now, Anne," said Marilla.

"We're going to the Barry's house. You will meet Diana."

Mrs. Barry met Marilla and Anne at the door of her house.

Anne saw a girl her own age sitting in the kitchen. It was Diana. She had long dark hair and brown eyes. Mrs. Barry told them to play in the yard. They went outside.

"Diana," said Anne. "Do you think we could be best friends?"

"I think so," said Diana.

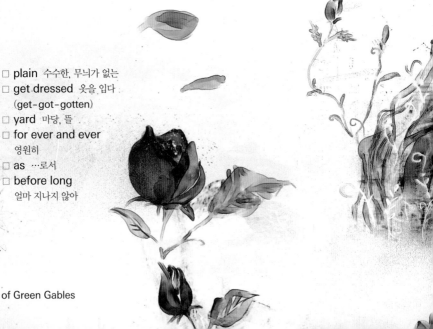

□ plain 수수한, 무늬가 없는
□ get dressed 옷을 입다
　(get-got-gotten)
□ yard 마당, 뜰
□ for ever and ever
　영원히
□ as …로서
□ before long
　얼마 지나지 않아

"I'm glad you live at Green Gables. It will be nice to have someone to play with."

"Will you promise to be my best friend for ever and ever?" asked Anne.

"I will like having you as my best friend," said Diana. Before long, they were spending all their free time together.

 # Check-up Time!

● **WORDS**

다음 단어에 해당되는 뜻을 찾아 연결하세요.

1 adopt •

2 defend •

3 raise •

4 sob •

5 punish •

• a. 흐느끼다

• b. 입양하다

• c. …의 편을 들다

• d. 벌주다

• e. 키우다

● **STRUCTURE**

주어진 동사를 문장에 맞게 다시 쓰세요.

1 I want you to learn how (to forgive, forgiving).

2 I think you might enjoy (raise, raising) her.

3 You shouldn't have (say, said) those things about her.

4 We want you to promise (to be, being) a good girl.

 ANSWERS

● COMPREHENSION

다음은 누가 한 말일까요? 기호를 써넣으세요.

a.

Marilla

b.

Anne

c.

Matthew

1 "You can punish me as you want." _____

2 "Matthew and I decided to adopt you." _____

3 "It's lonely downstairs without you." _____

● SUMMARY

빈 칸에 맞는 말을 보기에서 골라 넣어 이야기를 완성하세요.

> Anne was happy to hear that she could ( ) at Green Gables. One day, Anne met Mrs. Lynde and she said ( ) things to Anne. Anne was very angry with Mrs. Lynde, but she ( ) to Mrs. Lynde. A few days later, Anne met Diana and they ( ) best friends.

a. bad

b. apologized

c. became

d. stay

Anne's School Days

앤의 학교 생활

Soon it was September and time for school.

Anne was nervous and excited.

On the way to school, Diana said to Anne,

"Today you will meet Gilbert Blythe.

He is very good-looking and clever."

"I'm not interested in boys," said Anne.

In the classroom, Gilbert looked at Anne.

He wanted to talk to her, but she was looking out the window.

She was far away in the world of her imagination.

Gilbert pulled her red braids and whispered,

"Carrots! Carrots!" 빨간색 머리를 가진 사람에게 Carrots (홍당무)라는 별명을 붙이기도 해요.

□ nervous 긴장한, 초조한
□ on the way to school 학교 가는 길에
□ good-looking 잘 생긴
□ be interested in …에 관심이 있다
□ far away 멀리 있는

□ imagination 상상, 공상
□ pull 잡아 당기다
□ whisper 속삭이다
□ horrible 끔찍한, 형편없는

1 hit ... on the head …의 머리를 때리다 (치다)
She picked up her book and hit Gilbert on the head.
앤은 책을 집어서 길버트의 머리를 때렸다.

"What? You horrible boy!" cried Anne. "I hate you!"
She picked up her book and hit Gilbert on the head. [1]

□ hit A with B A를 B로 치다
　(hit-hit-hit)
□ fault 잘못, 실수
□ rude to …에게 무례한
□ stand 서다 (stand-stood-stood)

□ in the front of …의 앞쪽에
□ the rest of …의 나머지
□ be over 끝나다, 마치다
□ speak to …에게 말을 걸다

The teacher, Mr. Phillips, saw Anne hit Gilbert with her book.

"Anne Shirley," he asked, "why did you do that?"

Anne said nothing.

"I'm sorry, Mr. Phillips," said Gilbert.

"It was my fault. I was rude to her."

But the teacher did not listen to Gilbert.

He made Anne stand in the front of the room.

Anne stood for the rest of the day with an angry face. [1]

When school was over, Gilbert tried to apologize.

But Anne did not look at him.

"I'll never forgive him," she said to Diana.

"I will never look at him or speak to him."

---

1 **with an angry face** 화난 얼굴로
Anne stood for the rest of the day with an angry face.
앤은 나머지 수업 시간 내내 화난 얼굴로 서 있었다.

Mini-Less⦂n

make + 목적어 (A) + 동사원형 (B): A에게 B하도록 하다 (시키다)

• He made Anne stand in the front of the room.
선생님은 앤에게 교실 앞쪽에 서 있도록 했다.
• My mom made me wash the dishes.
엄마는 나에게 설거지를 하도록 했다.

The next day some children were playing outside at lunch time.

They were late for the afternoon class.

Anne ran into the classroom just after the teacher.

"You're late, Anne," said Mr. Philips, "you won't sit with Diana today. Go and sit next to Gilbert." [1]

Anne's face went white. [2]

She didn't move.

"What are you doing?" asked the teacher.

"Didn't you hear me?"

"Yes, sir," said Anne and sat down next to Gilbert.

"I hate Mr. Philips," she said over and over.

At the end of the class, Anne packed all her books.

"I am leaving the school," said Anne firmly.

"I will never come back."

□ at lunch time 점심 시간에
□ be late for …에 늦다
□ just after 바로 …의 뒤에
□ move 움직이다

□ over and over 반복해서, 여러 번
□ pack 싸다, 꾸리다
□ leave 떠나다 (leave-left-left)
□ firmly 단호하게

1 **next to** …의 옆에
Go and sit next to Gillbert. 가서 길버트의 옆에 앉아라.

❓ 앤에게 길버트 옆자리에 앉으라고 한 사람은?
L a. Diana b. Mr. Philips c. Gilbert

q 른됭

2 **go white** 하얗게 되다, 질리다
Anne's face went white. 앤의 얼굴이 하얗게 되었다.

That evening, Marilla went to Mrs. Lynde's house.

"I heard about Anne's trouble in school,"
said Mrs. Lynde.

"I don't know what to do," said Marilla.

"She said she won't go back to school.
Please give me some advice."

"Don't worry, Marilla," said Mrs. Lynde.

"I've raised ten children. Just let her stay home.
Soon she will want to go back to school."

Marilla did nothing, and Anne stayed at home.
Diana was Anne's only friend during those days.

□ trouble 문제, 말썽
□ what to do 무엇을 해야 할지
□ give ... advice …에게 충고(조언)하다
□ do nothing 아무것도 하지 않다
□ only 유일한
□ during …동안

One evening, Marilla found Anne crying in the kitchen.

"What's the matter, child?" she asked in surprise.

"I love Diana so much," said Anne.

□ What's the matter? 무슨 일이니?
□ in surprise 놀라서
□ marry 결혼하다
□ wedding 결혼식
□ be in white dress 흰색 드레스를 입다
□ take ... away …을 데려가다

□ imaginative 상상력이 풍부한
□ put on a play 연극을 올리다
□ play …의 역을 맡다
□ Fairy Queen 요정 여왕
□ learn 외우다, 암기하다
□ line 대사

1 **try not to + 동사원형** …하지 않으려고 애쓰다, 노력하다
Marilla tried not to laugh, but she couldn't stop herself.
마릴라는 웃지 않으려고 애썼지만, 멈출 수가 없었다.

"I can't live without her! But what will I do when she marries? I can imagine her wedding in the church. She will be in her long white dress.

After the wedding, her husband will take her away! Oh, I will never see her again."

Marilla tried not to laugh, but she couldn't stop [1] herself.

"What an imaginative girl you are!" she cried.

Suddenly Anne felt foolish.

A few days later Anne decided to go back to school.

The new school year began.

Mr. Phillips left and a new teacher came.

Anne loved her new teacher, Miss Stacy.

One day, Anne came home with some exciting news.

"We will be putting on a play at Christmas time," she said. "I will play the Fairy Queen. I've already learned some of my lines."

Mini-Lesson

때나 조건을 나타내는 부사절

접속사 when이나 if가 이끄는 때나 조건을 나타내는 부사절에서는 주절의 시제가 미래라도 현재 시제를 씁답니다.

- What will I do when she marries? 그녀가 결혼을 하면 저는 어떻게 하죠?
- She will be happy if you let her go. 당신이 그녀를 놓아주면 그녀는 행복해질 겁니다.

Matthew noticed that all the girls wore pretty dresses with puffed sleeves. All except Anne.

Her dresses were very plain and she always wore an apron. So he went to Mrs. Lynde and asked her to make a pretty dress for Anne. Mrs. Lynde was good ☀ at making dresses. She promised to make a beautiful new dress.

Matthew gave Anne her new dress on Christmas morning. It was light red with a silk hair band.

Anne burst into tears.

"Don't you like it?" asked Matthew.

"Oh," said Anne.

"It's the most beautiful dress I've ever seen. And it has puffed sleeves. It's perfect. Thank you, Matthew."

She threw her arms around Matthew's neck and [1] kissed his cheek. Marilla had tears in her eyes, too.

□ notice 알아채다, 눈치채다
□ with puffed sleeves 퍼프(부푼)
　소매가 달린
□ all except …을 제외한 모두
□ apron 앞치마
□ be good at …을 잘하다, …에 능숙하다

□ light 연한, 진하지 않은
□ perfect 완벽한
□ kiss one's cheek …의 뺨에 키스하다
□ have tears in one's eyes …의 눈에
　눈물이 그렁그렁하다

1 **throw one's arms around** …을 두 팔로 얼싸안다

She threw her arms around Matthew's neck.

앤은 매튜의 목을 두 팔로 얼싸안았다.

Mini-Less⊙n

See p.94

ask + 목적어 (A) + to + 동사원형 (B)

'A에게 B해 달라고 부탁하다'는 표현은, 「ask + 목적어 (A) + to + 동사원형 (B)」을 쓰면 된답니다.

- He asked her to make a pretty dress for Anne.

  그는 린드 부인에게 앤이 입을 예쁜 드레스를 만들어 달라고 부탁했다.

- He asked me to post his letter on the way. 그는 나에게 가는 길에 편지를 부쳐 달라고 부탁했다.

On the night of the school play, Anne wore her
pretty new dress.
She stood on stage and spoke her lines confidently.
She looked as pretty as any of the girls.
One April evening, Marilla arrived home and found
Anne lying on her bed. [1]

"Oh," cried Anne, "don't look at me. My life is ruined."

"What's the matter?" asked Marilla.

Then she noticed something strange about Anne's hair.

"Oh, Anne! What have you done? Your hair is green!"

"I bought a bottle of hair dye from a man who came ※ to the door," said Anne.

"He said my hair would be black, but it turned green. What should I do?"

□ play 연극
□ stand on stage 무대에 서다
□ confidently 자신 있게, 당당하게
□ lie 눕다 (lie-lay-lain; lying)

□ ruined 망친, 엉망이 된
□ strange 이상한, 평소와 다른
□ a bottle of 한 병의
□ hair dye 머리 염색약

1 find + 목적어(A) + ...ing(B) A가 B하는 것을 보다
Marilla arrived home and found Anne lying on her bed.
마릴라는 집에 도착해서 앤이 침대에 누워 있는 것을 보았다.

Mini-Less⋮n

관계대명사 who

관계대명사는 두 문장을 이어주는 역할을 해요. 관계대명사 who는 아래와 같이 사람을 나타내는 명사를 받아서 문장들을 이어준답니다.

I bought a bottle of hair dye from <u>a man</u>. + <u>A man</u> came to the door.
= I bought a bottle of hair dye from a man who came to the door.

• I bought a bottle of hair dye from a man who came to the door.
저는 집에 찾아온 남자에게서 머리 염색약을 샀어요.

• I met a boy who was really handsome yesterday. 나는 어제 정말 잘생긴 소년을 만났다.

Marilla washed Anne's hair again and again, but the color didn't change.

Anne stayed home for a week and washed her hair every day.

It was still green.

Finally, Marilla said she would have to cut it all off.

Anne was left with very short hair. Next day at school, everyone talked about Anne's new hair style. Only Diana knew her secret.

□ wash (머리를) 감다, 헹구다
□ again and again 반복해서, 여러 번
□ still 여전히
□ cut ... off …을 잘라내다

□ secret 비밀
□ prisoner 죄수
□ escape 탈출하다, 도망치다
□ river 강

1 **by + 운송수단** …으로, …을 타고
I will escape by boat. 나는 배로 탈출할 거야.

2 **carry A down to B** A를 B까지 아래쪽으로 운반하다
The river will carry it down to the bridge.
강물이 배를 다리까지 아래쪽으로 운반할 거야.

That summer, Anne and her friends were playing in
an old boat.
"Today, let's imagine I'm a prisoner," said Anne.
"I will escape by boat. I will lie down in it and [1]
the river will carry it down to the bridge. [2]
You can meet me there."
The boat began to carry Anne down the river.

But suddenly Anne felt something was wrong.
Water was coming in very fast through a hole in the bottom of the boat.

Anne looked around and caught a branch over the river.

When Anne was about to fall, Gilbert came in his boat.

"Anne, what are you doing there?" he asked and helped Anne into his boat.

When the boat reached the shore, Anne began walking away.

"Anne, wait," said Gilbert.

"I'm sorry I called you 'Carrots.' Can't we be friends?"

Anne almost said "yes."

But she remembered how angry she was with him all those years.

"No," she said coldly. "I can never be your friend, Gilbert Blythe!"

"I'll never ask you again, Anne Shirley!" said Gilbert.

He began rowing away. Anne should have been happy, but instead, she wanted to cry.

☐ come in 들어오다
☐ hole 구멍
☐ in the bottom of
　　　…의 바닥에 있는
☐ branch （나무）가지
☐ be about to＋동사원형
　　　막 …하려고 하다
☐ help A into B A가 B 안에
　　　들어오도록 돕다
☐ reach …에 도착하다
☐ shore 물가, 강기슭
☐ almost＋동사 …할 뻔 하다
☐ row away 노를 저어 가버리다

 # Check-up Time!

● **WORDS**

알맞은 단어를 보기에서 골라 문장을 완성하세요.

| wedding | puffed sleeves | hole | branch |

1 All the girls wore dresses with _____.

2 Anne caught a _____ over the river.

3 Water was coming in very fast through a _____.

4 I can imagine Diana's _____ in the church.

● **STRUCTURE**

빈 칸에 알맞은 단어를 골라 문장을 완성하세요.

1 Anne hit Gilbert _____ her book.

    a. out   b. with   c. in   d. of

2 We will be putting _____ a play at Christmas time.

    a. on   b. at   c. to   d. in

ANSWERS

Structure | 1. b 2. a
Words | 1. puffed sleeves 2. branch 3. hole 4. wedding

본문의 내용과 일치하면 T, 일치하지 않으면 F에 표시하세요.

1 Anne and Gilbert were good friends. ☐T ☐F

2 Marilla gave some advice to Mrs. Lynde. ☐T ☐F

3 Anne wanted to change her hair color. ☐T ☐F

4 Gilbert saved Anne with his boat on the river. ☐T ☐F

● SUMMARY

빈 칸에 맞는 말을 보기에서 골라 넣어 이야기를 완성하세요.

In September, Anne went to school with Diana and met Gilbert. Gilbert was a clever and (   ) boy, but he called Anne "(   )." Anne became very angry and decided to (   ) him. One day Anne almost fell into the river and Gilbert (   ) Anne into his boat.

a. good-looking

b. hate

c. helped

d. Carrots

ANSWERS

Summary | a, d, b, c
Comprehension | 1. F 2. F 3. T 4. T

Anne of 빨강머리 앤의 집에 함께 가볼까요?
Green Gables!

It has been more than 100 years since Lucy Maud Montgomery, the author of Anne of Green Gables, created Anne. But she is still one of the most popular and beloved characters in literature. Due to the Anne's popularity, every year thousands of people visit the small town on Prince Edward Island in Canada where Green Gables is located. In real life, Green Gables was the home of the cousins of Montgomery's grandfather. And

Montgomery spent a lot of time there in her childhood. Visitors can go into the house, which has a green roof just like in the story, and see Anne's room on the second floor. Also people can see an audio-visual presentation introducing the story of the house and the life and works of Montgomery. If you are a big fan of Anne, it is worth visiting Green Gables where her lively and warm spirit seems to come alive.

〈빨강머리 앤〉의 작가인 루시 모드 몽고메리가 앤을 창조한지 100년 이상이 지났습니다. 하지만 여전히 앤은 문학작품에서 가장 인기 있고 사랑 받는 캐릭터 중 하나입니다. 앤의 인기 덕분에, 매년 수천 명의 사람들이 그린 게이블즈가 위치한 캐나다 프린스 에드워드 아일랜드의 작은 마을을 방문합니다. 실제로 그린 게이블즈는 몽고메리 할아버지의 사촌들이 살던 집이었고, 몽고메리도 그곳에서 어릴 때 많은 시간을 보냈습니다. 방문객들은 소설과 똑같은 초록색 지붕이 있는 집에 들어가 2층에 있는 앤의 방을 구경할 수 있습니다. 또한 그린 게이블즈의 역사와 몽고메리의 인생 및 작품을 소개하는 시청각자료도 감상할 수 있습니다. 빨강머리 앤의 열렬한 팬이라면, 생기 넘치고 따뜻한 앤의 숨결이 살아 숨쉬는 듯한 그린 게이블즈를 방문해 보는 것도 좋을 것입니다.

CHAPTER 4

A Year of Changes
변화의 해

One night Marilla told Anne that she had talked to ☀
Miss Stacy.

"Anne, Miss Stacy said you are doing well in school,"
said Marilla.

"She wants you to study for the exam for Queen's
College in Charlottetown. If you pass the exam and
study at Queen's, you can become a teacher."

"Marilla, I'd love to be a teacher!"

said Anne happily.

So every afternoon, Anne and some of the students
stayed late at school. Miss Stacy helped them
prepare for the exam. [1]

Diana didn't want to go to college, so she went
home early.

□ do well in school 학교 공부를 잘하다
□ pass 합격하다, 통과하다
□ stay late 늦게까지 머무르다
□ prepare for …을 위해 준비하다

□ be surprised at …에 놀라다
□ upset …을 화나게 하다, …의 마음을
　불편하게 하다 (upset-upset-upset)

1 help + 목적어(A) + (to) + 동사원형(B) A가 B하는 것을 돕다
Miss Stacy helped them prepare for the exam.
스테이시 선생님은 학생들이 시험 준비하는 것을 도왔다.

Gilbert stayed and studied with Anne, but he
didn't even look at her. Anne was surprised at how
much it upset her. She knew she should forgive him.
And if he asked again, she would say "yes."

Mini-Lesson

See p.95

had + 과거분사형 동사: 과거 보다 더 과거
과거를 기준으로 그보다 더 전에 있었던 일을 설명하고 싶을 때에는
「had + 과거분사형 동사」를 쓰면 된답니다.

- One night Marilla told Anne that she had talked to Miss Stacy.
  어느 날 밤 마릴라가 앤에게 스테이시 선생님과 상의했었다고 말했다.
- When I arrived at home, she had already left. 내가 집에 도착했을 때, 그녀는 이미 떠나고 없었다.

One afternoon, Mrs. Lynde visited Marilla.

"Your Anne is a big girl now," said Mrs. Lynde.

"She's taller than you."

"Yes, she is," said Marilla, "and she has grown into a [1] nice young woman. Matthew and I are so proud of her."

"And she is very beautiful," said Mrs. Lynde.

"Those beautiful green eyes and that red-brown hair! She's a really pretty girl and makes all the other girls look so plain."

"I can't imagine my life without her," sighed Marilla.

Later, Matthew saw his sister crying in the kitchen.

"What's the matter?" he asked.

"I was thinking about Anne," said Marilla.

"I'll miss her when she goes away to college."

"But she can come home on the weekends," said Matthew.

특정한 날짜, 요일, 때를 나타내는
단어 앞에는 전치사 on을 씁니다.

☐ be proud of …을 자랑스러워 하다
☐ red-brown 적갈색의
☐ plain 평범한, 특징 없는

☐ miss 그리워하다, 보고 싶어하다
☐ go away 떠나다
☐ on the weekends 주말에

1 **grow into** …로 자라다, 성장하다
She has grown into a nice young woman.
앤은 훌륭한 아가씨로 자랐어요.

❓ Anne is taller than _____.
└ a. Matthew   b. Diana   c. Marilla

정답 c

Mini-Lesson

see + 목적어(A) + ...ing(B)

'A가 B하는 것을 보다'라고 말하고 싶을 때에는, 「see + 목적어(A) + ...ing(B)」를 쓰면 된답니다.

- Later, Matthew saw his sister crying in the kitchen.
  나중에 매튜는 마릴라가 부엌에서 울고 있는 것을 봤다.
- He saw his friends laughing loudly. 그는 친구들이 크게 웃고 있는 것을 봤다.

□ bring home 집으로 데려오다
(bring-brought-brought)
□ anxiously 초조하게, 긴장하며
□ out of …중에서
□ at the top of the list
명단의 제일 위에

Matthew hadn't noticed how much Anne had
grown.

To him, Anne would always be the small girl he had
brought home from the train station.

"I'll miss her too," said Matthew.

Time passed quickly. Anne studied hard.

In June she took the important examination.

Anne waited anxiously for the results.

Three weeks later, Diana ran into the kitchen at
Green Gables carrying a newspaper.

"Look, Anne!" she cried. "It's in the newspaper!
You are first with Gilbert, out of all the students!"

Anne took the newspaper and saw her name at the
top of the list. For the first time in her life, she could
not speak even one word.

"I knew you would do it," said Matthew with a
warm smile. [1]

"You've done well, Anne," said Marilla.

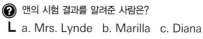 앤의 시험 결과를 알려준 사람은?
L a. Mrs. Lynde   b. Marilla   c. Diana

---

1 **with a warm smile** 따뜻한 미소를 지으며
   "I knew you would do it," said Matthew with a warm smile.
   "나는 네가 해낼 줄 알았단다." 매튜가 따뜻한 미소를 지으며 말했다.

For the next three weeks, Anne and Marilla were very busy.

Anne needed new dresses to wear to college.

The evening before she left, Anne put on one of [1] her new dresses to show Matthew and Marilla.

Marilla watched the happy young face.

She remembered the thin little child with her sad eyes and began to cry quietly.

"Marilla, why are you crying?" asked Anne.

"Oh, I don't know why I'm crying," said Marilla.

"I was just thinking of you when you were a little girl. Now you are going away. I will be lonely without you."

Anne put her arms around Marilla's shoulder. [2]

□ college 대학교
□ show …에게 보여주다
□ watch 지켜보다, 바라보다

□ begin to+동사원형 …하기 시작하다
□ quietly 조용히, 소리 없이
□ lonely 외로운, 쓸쓸한

1 **put on** (옷을) 입다, 걸치다
Anne put on one of her new dresses to show Matthew and Marilla. 앤은 매튜와 마릴라에게 보여주기 위해 새 드레스 중 한 벌을 입었다.

2 **put one's arms around** …을 팔로 감싸안다
Anne put her arms around Marilla's shoulder.
앤은 마릴라의 어깨를 자신의 팔로 감싸안았다.

"Don't be sad," said Anne.

"I may be bigger and older now, but I'll always be your little Anne. You and Matthew are my family, and Green Gables is my home. That will never change."

For the next year, Anne was busy with her school life at Queen's College.

Gilbert was also at Queen's and sometimes Anne saw him. But she didn't want to speak to him first. Gilbert never looked at her.

At the end of the college year, there were examinations. Anne studied hard for them.

She wanted to go to Redmond College.

"I'd love to get the highest score," she thought.

"Or if I win the Avery Prize, I can get a four-year scholarship to Redmond College."

The Avery Prize was for the student who was best at [1] English essay writing.

Anne waited for news of the examination.

Finally, the day arrived.

"It's Gilbert! He has the highest score!" shouted a boy. "He gets the gold medal!"

Anne was disappointed.

But then she heard someone shout,

"Anne Shirley has won the Avery Prize!"

All the girls came up to Anne.

"We are really proud of you, Anne," they said.

□ be busy with …로 바쁘다
□ highest score 최고 점수
□ get a four-year scholarship
   4년제 장학금을 받다
□ essay 에세이, 글짓기

□ finally 마침내, 결국
□ shout 소리치다, 외치다
□ gold medal 금메달
□ disappointed 실망한, 낙담한
□ win (상을) 타다 (win-won-won)

1 **be best at** …에 가장 뛰어나다, …을 가장 잘하다
   The Avery Prize was for the student who was best at English essay writing.
   에이버리 상은 영어 글쓰기에 가장 뛰어난 학생에게 주는 상이다.

Check-up Time!

● WORDS

알맞은 단어를 보기에서 골라 문장을 완성하세요.

show	upset	get	pass	put

1 Anne _____ her arms around Marilla's shoulder.

2 Anne wore her dress to _____ Matthew and Marilla.

3 If you _____ the exam, you can become a teacher.

4 Anne was surprised at how much it _____ her.

5 I can _____ a four-year scholarship to Redmond College.

● STRUCTURE

괄호 안의 두 단어 중 알맞은 단어를 골라 문장을 완성하세요.

1 Matthew saw Marilla (cried, crying) in the kitchen.

2 The teacher helped them (to prepare, preparing) for the exam.

3 Marilla told Anne that she (has talked, had talked)
to Miss Stacy.

다음은 누가 한 말일까요? 기호를 써넣으세요.

a.
Anne

b.
Marilla

c.
Diana

1 "Oh, I don't know why I'm crying." _____

2 "Look, Anne! It's in the newspaper." _____

3 "You and Matthew are my family." _____

● SUMMARY

빈 칸에 맞는 말을 보기에서 골라 넣어 이야기를 완성하세요.

Anne wanted to become a (   ), so she studied hard for the college exam. Finally, Anne (   ) the exam and went to Queen's College. Anne was (   ) with her college life and won the four-year scholarship to Redmond College. Everyone was really (   ) of Anne.

a. passed   b. busy

c. teacher   d. proud

ANSWERS

CHAPTER 5

Back at Green Gables

다시 그린 게이블즈로

Anne came back to Green Gables with the good
news.

But she felt something was wrong.

Matthew looked much older than before.

"What's wrong with Matthew?" Anne asked Marilla.

"His heart, that's the problem," answered Marilla.

"And you don't look well either," said Anne.

"I've always had bad headaches," said Marilla.

"I must see the doctor soon. And there is another
thing. Did you hear the news about the Church
Bank?"

"Yes, I heard it's in trouble," replied Anne. [1]

"That's right," said Marilla.

"Well, all of our money is in that bank.

I think Matthew has been worried about it." [2]

□ with the good news 기쁜 소식을
가지고
□ much 훨씬 …한 (형용사의 비교급을 수식)
□ What's wrong with …? …에게
무슨 일이 생겼나요?

□ either (부정문에서) …도 또한
□ headache 두통
□ bank 은행
□ reply 대답하다

1 **be in trouble** 어려운 상황에 처하다, 곤경에 빠지다
I heard it's in trouble.
그 은행이 어려운 상황에 처해 있다고 들었어요.

2 **be worried about** …에 대해서 걱정하다, 고민하다
I think Matthew has been worried about it.
내 생각에는 매튜 오라버니가 그것에 대해 걱정해왔던 것 같아.

The next morning, Matthew received a letter.
Marilla saw his face turn pale as he read it.
"Are you all right, Matthew?" she cried.
Suddenly he fell to the ground.

Anne and Marilla called the doctor, but it was too late. Matthew was dead.

"It was a heart attack," said the doctor.

"Did he have any bad news lately?"

"Yes, he got a letter this morning!" cried Anne.

"Oh, Marilla. The letter says the Church Bank closed down! All the customers lost their money!"

Everyone in Avonlea felt sorry about Matthew's death. Anne couldn't stop crying.

"It's no use crying," said Marilla quietly.☀

"He can't come back to us. Now we will have to learn to live without him, Anne."

□ turn pale 창백해지다
□ suddenly 갑자기
□ fall to the ground 바닥에 쓰러지다
  (fall-fell-fallen)
□ dead 죽은

□ heart attack 심장마비
□ close down 문을 닫다, 파산하다
□ customer 고객, 손님
□ feel sorry about …을 유감스러워하다
□ live without …없이 살다

Mini-Less☀n

it is no use ...ing: …해도 소용없다

'소용없다'라는 의미의 it is no use 다음에 ...ing 형태의 동사가 오면 '…해도 소용없다'라는 유용한 표현이 만들어진답니다.

• It's no use crying. 울어도 소용없단다.
• Oh, it's no use talking with him. 이런, 그와 말해도 소용없구나.

A few days later, Mrs. Lynde came to Green Gables.

"I heard that Gilbert is going to be a teacher at Avonlea," she said.

"That's good for him," said Marilla.

"But Anne will go to Redmond College soon. I will miss her."

The next day Marilla visited the doctor.

"What did the doctor say?" asked Anne.

"He said my eyes are bad," said Marilla.

"I must wear glasses then I won't have headaches. If I'm not careful, I'll be blind in six months." [1]

Anne was shocked. She couldn't say anything.

"I think I should sell Green Gables," sobbed Marilla.

"You're going to college. I can't run this place alone."

That night, Anne thought for a long time about what to do.

□ wear glasses 안경을 쓰다
□ careful 주의하는, 조심하는
□ blind 눈이 안 보이는, 눈 먼

□ be shocked 충격을 받다, 놀라다
□ run 운영하다, 꾸려나가다
□ alone 혼자서

1 in + 시간단위 … 뒤에, …이 지난 다음에
If I'm not careful, I'll be blind in six months.
주의하지 않으면, 나는 6개월 뒤에 눈이 안 보이게 될 거야.

Next morning, Anne told Marilla what she had
decided.

"We must keep Green Gables because it's our home,"
said Anne. "I'm not going to Redmond."

"No!" cried Marilla. "You've always wanted to go to
Redmond."

"But now I want to stay with you here at Green
Gables," said Anne.

□ decide 결정하다, 결심하다
□ keep 지키다, 간직하다
□ stop one's tears 울음을 참다

□ give up 포기하다, 그만두다
　(give-gave-given)
□ job 직장, 일자리

"It's more important than anything else. I will teach in one of the village schools near here."

Marilla tried not to cry, but she couldn't stop her tears.

A few days later, Mrs. Lynde came to visit.

"Did you hear about Gilbert?" she asked.

"He decided not to teach at Avonlea."

"Why?" asked Anne.

"He heard that you wanted to stay with Marilla," said Mrs. Lynde.

"So he gave up his job. He will teach at another school."

"Oh, it's so kind of him to give up his job," said Anne.

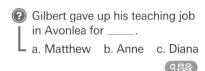

ⓠ Gilbert gave up his teaching job in Avonlea for _____.
a. Matthew b. Anne c. Diana

q 곰&

Mini-Less☀n

It is + 형용사 + of + 목적어(A) + to + 동사원형(B)

'A가 B하다니 …하구나'라고 말하고 싶을 때에는 「It is + 형용사 + of + A + to + 동사원형」을 쓰면 된답니다. 이때 형용사는 주로 A의 성격이나 감정을 나타내는 경우가 많답니다.

• It's so kind of him to give up his job. 그가 일을 포기하다니 정말 친절하구나!
• It's stupid of me to believe him! 그 사람을 믿다니 내가 어리석구나!

Later that day, Anne saw Gilbert walking down
the hill.

Anne stopped and said softly, "Hello, Gilbert."

He stopped and looked at her in surprise.

"I want to thank you, Gilbert," said Anne.

"You gave up your teaching job
for me. That was really sweet.
Thank you very much."
"I'm happy to help you, Anne,"
said Gilbert.
"Are we going to be friends now?
Can you forgive me for calling you Carrots?"
"I forgave you a long time ago," said Anne smiling.
"I'm sure we are going to be very good friends,"
said Gilbert. "May I walk you home?"

□ walk down the hill 언덕길을 걸어   □ call A B A를 B라고 부르다
  내려가다   □ walk ... home …을 걸어서 집에
□ sweet 친절한, 상냥한   데려다 주다

Marilla looked at Anne curiously as she entered the kitchen.

"Was that Gilbert who walked you home?"
she asked. "You look happy, Anne."

"Yes, Marilla," said Anne happily.

"Gilbert and I have been good enemies, but we decided to be good friends. I think life is going to be good for all of us! You and I have each other and we will keep our Green Gables."

That night, Anne sat at her window for a long time. She thought about how much her life had changed since she came to Green Gables.

Once, she was alone and unloved.

Now she had a home, and knew how it felt to love and be loved. Anne breathed a deep sigh of happiness. [1]

□ **curiously** 호기심을 갖고, 신기한 듯이
□ **as** …할 때, …하자
□ **enter** …에 들어가다
□ **good enemy** 선의의 경쟁자
□ **since** …한 이후로

□ **unloved** 사랑 받지 못하는
□ **not quite as** 완전히 …대로는 아닌
□ **bright** 밝은, 희망찬
□ **filled with** …로 가득 찬
□ **hope** 희망

1 **breathe a sigh of happiness** 행복한 숨을 들이마시다
Anne breathed a deep sigh of happiness.
앤은 행복한 숨을 깊게 들이마셨다.

Her life was not quite as she had imagined it when
she came home from Queen's.
But the future was still bright and filled with hope.

Check-up Time!

● **WORDS**

알맞은 단어를 보기에서 골라 문장을 완성하세요.

| bright | unloved | good | pale |

1 We have been _____ enemies.

2 But the future was still _____ and filled with hope.

3 Once, she was alone and _____.

4 Marilla saw his face turn _____ as he read it.

● **STRUCTURE**

빈 칸에 알맞은 단어를 골라 문장을 완성하세요.

1 Suddenly he fell _____ the ground.

    a. out   b. with   c. to   d. of

2 You gave _____ your teaching job for me.

    a. on   b. at   c. to   d. up

3 If I'm not careful, I'll be blind _____ six months.

    a. in   b. of   c. to   d. with

● **COMPREHENSION**

본문의 내용과 일치하면 T, 일치하지 않으면 F에 표시하세요.

1 Matthew put all of his money in the Church Bank. [T] [F]

2 Mrs. Lynde had to wear glasses. [T] [F]

3 Anne has never wanted to go to Redmond. [T] [F]

4 Gilbert gave up his job for Anne in Avonlea. [T] [F]

● **SUMMARY**

빈 칸에 맞는 말을 보기에서 골라 넣어 이야기를 완성하세요.

One day Matthew got a letter and he found that he lost all of his money in the bank. He was really shocked and (　　). Marilla was so sad that she decided to (　　) the Green Gables. But Anne (　　) college and decided to stay with Marilla at Green Gables. And Anne and Gilbert agreed to (　　) good friends.

a. sell

b. become

c. gave up

d. died

Summary | d, a, c, b
Comprehension | 1. T 2. F 3. F 4. T

After
the Story

What a beautiful name!

정말 아름다운 이름이네요!

★ ★ ★

그린 게이블즈에서 매튜와 마릴라와 함께 살게 된 앤. 이곳에서 앤은 비
슷한 또래의 다이애나를 만나게 되는데요, 위 표현은 앤이 처음으로 다이
애나의 이름을 듣고 이름이 정말 아름답다며 감탄하며 한 말입니다. 이
문장에서 앤은 What (a) + 형용사 + 명사 + (주어 + 동사)!를 써서 '정말
…이네요!'라는 뜻의 감탄문을 만들고 있어요. 앤과 길버트의 대화로 다
시 한번 살펴볼까요?

Gilbert

What a beautiful dress! It looks great on you.

정말 아름다운 드레스네! 너에게 정말 잘 어울린다.

Anne

Thank you, Gilbert! Matthew gave me
the dress.

고마워, 길버트! 매튜 아저씨가 나에게 드레스를 주셨어.

You shouldn't have said those things about her.

당신은 그녀에 대해 그런 말을 하지 말았어야 했어요.

앤의 입양 소식을 들은 린드 부인은 그린 게이블즈에 찾아옵니다. 하지만 린드 부인이 앤에게 심한 말을 해서 앤의 기분을 상하게 하고 마는데요, 위는 앤에게 그런 심한 말을 하지 말았어야 했다고 마릴라가 린드 부인에게 말하는 문장입니다. '…하지 말았어야 했다'라는 뜻으로 should not have + 과거분사형 동사가 쓰였습니다. 과거에 일어난 일에 대한 유감이나 후회를 나타낼 때 많이 쓰는 표현이죠. 그럼 앤과 마릴라의 대화로 다시 한번 살펴볼까요?

Anne

Look at my hair, Marilla! It turned green.

마릴라 아주머니, 제 머리 좀 보세요! 머리가 녹색으로 변했어요.

Marilla

Well, you shouldn't have used the hair dye.

저런, 너는 그 머리 염색약을 사용하지 말았어야 했어.

He asked her to make
a pretty dress for Anne.

그는 그녀에게 앤이 입을 예쁜 드레스를 만들어 달라고 부탁했다.

★　★　★

항상 앞치마가 달린 수수한 드레스만 입는 앤이 마음에 걸린 매튜 아저씨. 그래서 앤에게 크리스마스 선물로 퍼프 소매가 달린 예쁜 드레스를 주기로 결심하고 린드 부인에게 앤을 위해 특별한 드레스를 만들어 달라고 부탁합니다. 그때 상황을 묘사한 위 문장에 '…에게 ~해 달라고 부탁하다' 라는 뜻의 ask + 목적어 + to + 동사원형이 쓰였는데요, 이 표현을 앤과 다이애나의 대화로 다시 볼까요?

What did you do yesterday after school?
어제 학교 마치고 무엇을 했니?

Diana

I was with Gilbert. He asked me to read his essay.
길버트와 있었어. 길버트가 나에게 자신의 에세이를 읽어봐 달라고 부탁했거든.

Anne

One night Marilla told Anne that she had talked to Miss Stacy.

어느 날 밤 마릴라가 앤에게 스테이시 선생님과 상의했었다고 말했다.

★　★　★

총명하고 학교에서도 우수한 성적을 받는 앤. 어느 날 밤 마릴라는 앤을 대학교에 진학시켜 교사가 되도록 하는 것이 어떻겠냐는 스테이시 선생님의 제안을 앤에게 전합니다. 그때 상황을 보여주는 위 문장에 과거 (told)보다 더 과거에 일어난 일(had talked)을 표현하기 위해 '…했었다' 라는 뜻으로 had + 과거분사형 동사가 쓰였습니다. 그럼 린드 부인과 마릴라의 대화로 다시 살펴볼까요?

Mrs. Lynde

Anne received the scholarship from the college, Marilla!

앤이 대학교에서 장학금을 받았다면서요, 마릴라!

Marilla

Yes, Anne told me this morning that she had received it. I'm so proud of her.

네, 앤이 장학금을 받았다고 오늘 아침 저에게 말했어요.
앤이 정말 자랑스러워요.

01 볼 수 있지만 들을 수 없는 t

listen의 t는 보기만 하고 발음은 하지 마세요.

listen, fasten, castle. 이 세 단어의 공통점은 무엇일까
요? 바로 눈으로 볼 수는 있지만, 발음은 되지 않아 귀로
들을 수는 없는 t를 가지고 있다는 점입니다. 이런 t를 묵
음이라고 하는데요, 절대 소리내면 안 되는 발음이랍니다.
묵음 t에 유의하면서, 본문 20쪽에서 함께 살펴볼까요?

Matthew smiled at her and said,
"You can keep talking. I like (   ) to you."

listening 혹시 [리스트닝]이라고 읽는 사람은
없겠죠? 위에서 설명한 것처럼 t는 묵음이므로
발음하면 안 된답니다. [리스닝]이라고 부드럽게
발음해 주세요.

02 쉿! whisper의 h는 들리지 않아요!

wh로 시작되는 단어의 h는 발음되지 않는 경우가 많아요.

whisper의 h가 거의 안 들린다구요? 그건 미국식 영어에서는 wh로 시작되는 단어의 h를 대부분 생략하고 발음하기 때문이에요. [h] 발음은 처음부터 없다고 생각하고 [w] 발음, 즉 [우]부터 먼저 발음한 다음 모음을 붙이면 된답니다. whisper의 경우 먼저 입을 앞으로 내밀고 [우]라는 [w] 발음에 [이]라는 [i] 발음을 연결해 주면 된답니다. 이제 좀 쉽게 할 수 있겠죠? 그럼 본문 42쪽에서 함께 확인해 볼까요?

Gilbert pulled her red braids and (　　　　),
"Carrots! Carrots!"

whispered [휘스퍼드]가 아닌 [h] 발음을 생략하고 정확한 [우] 발음에 [i] 발음을 더한 [(우)위스퍼드] 정도로 발음해 주면 된답니다.

03 p 발음은 너무 쉽다구요?

윗입술과 아랫입술을 말아 넣고 [ㅍ].

우리말의 [ㅍ]와 비슷해서 쉬워 보이지만 알고 보면 다른 [p] 발음은 어떻게 하는 것이 좋을까요? 정확한 [p] 발음을 위해서는 우리말의 [ㅍ]보다 입술을 안으로 더 말아 넣고 소리를 내야 한답니다. 우리말 발음의 [ㅍ]와 [ㅃ]의 중간 정도 소리라고 생각하면 돼요. 윗입술과 아랫입술을 말아 넣고 성대가 울리지 않게 발음해 보세요. 그러면 완벽한 [p] 발음이 된답니다. 그럼 본문 52쪽에서 살펴볼까요?

Her dresses were very (　　　) and she always wore an apron.

plain 우리말 [ㅍ]와는 달리 윗입술과 아랫입술을 말아 넣어 성대가 울리지 않게 [플레인]하고 발음해 주세요.

04 진동이 강한 z

어려운 [z] 발음, 윗니와 아랫니를 맞대고 발음해 주세요.

쉽지 않은 [z] 발음, 어떻게 해야 할까요? 정확한 [z] 발음을 위해서는 먼저 윗니와 아랫니를 맞대고 혀끝을 윗니 뒤쪽으로 올려야 합니다. 그 다음 입 속으로 여러 마리의 벌이 지나간다고 생각하면서 [ㅈㅈㅈ]하고 소리를 내야 합니다. 혀에 진동이 느껴질 만큼 강하게, 하지만 성대를 울리지 않아야 한다는 것, 꼭 기억하세요. 어렵게만 느껴졌던 [z] 발음, 이제 좀 쉽게 할 수 있겠죠? 그럼 본문 73쪽에서 확인해 보세요.

> "Or if I win the Avery (   ), I can get a
> four-year scholarship to Redmond College."

Prize 정확한 [z] 발음을 위해서는 위에서 설명한 대로 윗니와 아랫니를 맞대고 혀끝을 윗니 뒤쪽으로 올린 후 성대를 울리지 않고 [프라이ㅈ]라고 발음해 보세요.

1장 | 그린 게이블즈

p.16~17 매튜 커스버트는 60세 가량의 노인이었다. 그는 프린스 에드워드 아일랜드의 농장에서 여동생 마 릴라와 함께 살고 있었다. 마릴라는 매튜 보다 다섯 살 이 어렸다. 그들은 둘 다 밤색 머리에 키가 크고 여위 었다. 그들의 농가인 그린 게이블즈는 초록색 지붕의 사랑스럽고 높은 집이었다. 그린 게이블즈는 애번리 마 을 근처에 있었다.

어느 날 오후 매튜는 기차역으로 마차를 몰고 갔다. 그는 가 장 좋은 옷을 입고 무척 들떠 있었다.

"5시 30분 기차가 벌써 도착했나요?" 매튜가 역장에게 물었다.

"네, 기차는 30분 전에 도착했어요. 그리고 한 여자아이가 지금 승강장에서 당신을 기다리고 있어요." 역장이 말했다.

"여자아이요? 하지만 저는 여자아이가 아니라 사내아이를 데리러 왔는데요." 매튜 가 말했다.

p.18~19 매튜는 어린 소녀에게 다가갔지만, 너무 수줍어서 말을 걸지 못했다. 소녀 는 열한 살 정도 되어 보였고, 작은 얼굴에는 주근깨가 많았다. 소녀는 빨강색 머리를 길게 땋고 있었다. 소녀는 커다란 녹색 눈으로 매튜를 바라봤다.

"혹시 아저씨가 그린 게이블즈에서 오신 매튜 커스버트 씨인가요? 아저씨와 함께 살게 되어서 무척 기뻐요." 소녀가 높고 사랑스러운 목소리로 말했다.

매튜는 무슨 말을 해야 할지 몰랐다. 매튜는 소녀에게 그가 사내아이를 기대하고 왔 다는 말을 할 수 없었다.

"오, 그래. 집으로 가자." 매튜가 말했다.

매튜는 마릴라가 소녀에게 실수를 설명해 줄 수 있을 것이라고 생각했다. 매튜는 마 차에 소녀를 태워서 집으로 갔다.

p.20~21 "제 부모님은 제가 아주 어릴 때 돌아가셨어요. 저는 늘 가난해서 아름다 운 드레스를 입어본 적이 없어요. 하지만 저는 가장 아름다운 드레스를 입고 위에 꽃

이 달린 커다란 모자를 쓰고 있다고 상상해요. 그러면 전 행복해지거든요! 아저씨도 가끔씩 상상을 하시나요?" 소녀가 말했다.

"글쎄다. 난… 난… 안 한단다." 매튜가 말했다.

"제가 말을 너무 많이 하나요? 말씀해 주세요. 반드시 그래야 한다면 그만 할 수도 있어요."

매튜가 소녀를 보며 웃으며 말했다. "계속 말하렴. 네가 말하는 것이 듣기 좋구나."

매튜는 집으로 가는 길이 즐겁다는 것에 놀랐다.

그들이 그린 게이블즈에 도착했을 때, 마릴라가 현관에서 그들을 기다리고 있었다.

"매튜 오라버니, 이 여자아이는 누구에요? 사내아이는 어디에 있죠?" 마릴라가 물었다.

"사내아이는 없었어. 고아원에서 실수를 했나 봐." 매튜가 말했다.

`p.22~23` 소녀가 마릴라를 보더니 갑자기 울음을 터뜨렸다.

"제가 남자아이가 아니어서 저를 원하지 않으시는군요. 아무도 저를 원치 않아요!" 소녀가 소리쳤다.

"울 필요는 없단다." 마릴라가 말했다.

"아뇨, 있어요! 이것은 이제껏 제게 일어난 일 중 최악 이에요." 소녀가 말했다.

"이제 그만 울거라. 오늘 밤은 여기서 지내렴. 자, 네 이름이 뭐니?"

"저를 코델리아라고 불러 주실래요?" 소녀가 물었다.

"코델리아? 그게 네 이름이니?" 마릴라가 물었다.

"아니요, 하지만 그건 우아한 이름이잖아요. 저는 제 이름이 코델리아라고 상상하는 것이 좋아요. 왜냐하면 제 진짜 이름은 앤 셜리거든요. 앤 셜리는 별로 흥미로운 이름이 아니에요, 그렇죠?"

마릴라는 앤을 보고 한숨을 쉬었다.

`p.24~25` 앤이 잠이 들자, 마릴라와 매튜는 탁자에 앉았다.

"우리는 사내아이가 필요해요. 그래야 오라버니의 일을 도울 수 있잖아요. 내일 저 애를 돌려보내야 해요."

"하지만 마릴라, 저 애는 착한 애야. 그리고 여기에 있고 싶어 해." 매튜가 말했다.

"그래서 저 애를 이 곳에 머무르게 하겠다는 건가요?" 마릴라가 날카롭게 말했다.

"우리가 저 애에게 좋은 가정이 되어 줄 수 있을 거야." 매튜가 말했다.

"하지만 우리는 여자아이는 필요 없어요." 마릴라가 말했다.

"네 말이 맞아, 마릴라. 하지만 아마도 저 애는 우리가 필요할 거야. 그리고 저 애는 너를 도와 집안일을 할 수 있을 거고. 난 마을에서 농장 일을 도와 줄 사내아이를 데려올 수 있을 거야." 매튜가 말했다.

마릴라는 잠시 동안 생각에 잠겼다. 그리고 나서 말했다. "알겠어요, 매튜 오라버니. 저 애가 여기에 머물러도 좋아요."

매튜는 미소를 지으며 말했다. "저 애에게 친절하게 대해 주도록 하자. 내 생각에 저 애는 사랑이 많이 필요한 것 같아."

2장 | 앤, 집을 찾다

p.28~29 다음날 아침, 앤은 일찍 일어났다. 많은 햇살이 방으로 쏟아져 들어왔다.

앤은 천천히 방을 둘러보았다.

"아, 나는 그린 게이블즈에 있지! 여기는 정말 아름다운 곳이야. 정말로 여기에서 살고 싶어." 앤이 말했다.

아침식사 때, 마릴라가 말했다. "자, 매튜와 나는 너를 입양하기로 결정했단다. 하지만 네가 우리에게 착한 아이가 되겠다고 약속해 주길 바래."

앤이 갑자기 울음을 터트렸다.

"왜 우는 거니, 애야?" 마릴라가 물었다.

"너무 기뻐서 우는 거예요. 저는 이곳이 정말 좋아요. 모든 것이 너무 아름다워요! 감사합니다!" 앤이 흐느끼며 말했다.

앤이 울음을 멈추고 말했다. "제가 아주머니를 마릴라 이모라고 불러도 돼요? 저는 이제껏 한번도 가족이 있었던 적이 없었어요. 그래서 전 아주머니를 우리 엄마의 언니라고 상상하고 싶어요."

"나는 너의 이모가 아니란다. 나를 마릴라 아주머니라고 부르렴. 다른 사람들처럼 말이야." 마릴라가 말했다.

p.30~31 앤이 잠시 동안 조용히 있었다. 그리고 말했다. "마릴라 아주머니, 제가 애번리에서 단짝 친구를 찾을 수 있을까요?"

"다이애나 배리가 네 또래란다. 그 애는 지금 할머니 댁에 갔어. 하지만 그 애가 돌아오면, 그 애를 만나러 가자." 마릴라가 말했다.

"다이애나라니! 정말 예쁜 이름이네요!" 앤이 말했다.

어느 날, 레이첼 린드 부인이 방문했다. 린드 부인은 애번리에서 일어나는 모든 일을 알고 있었다.

"마릴라, 당신과 매튜에 관한 놀라운 소식을 들었어요. 여자아이를 입양했다는 것이 사실인가요?" 린드 부인이 말했다.

"네, 총명하고 재미있는 아이에요. 그 애를 만나보실래요? 그 애를 불러올게요." 마릴라가 말했다.

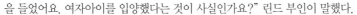 몇 분 뒤, 앤이 집 안으로 뛰어 들어왔다.

"오, 마릴라와 매튜가 네 생김새를 보고 선택한 것은 아니구나, 그렇지?" 린드 부인이 말했다. 그리고는 마릴라 쪽으로 고개를 돌리며 말했다. "저 애는 아주 삐쩍 말랐네요. 그리고 저 주근깨 하며 홍당무처럼 빨강머리를 좀 봐요!"

앤의 얼굴이 새빨개졌다.

"당신은 무례하고 못된 아주머니에요. 전 아주머니가 정말 싫어요! 아주머니는 제 기분을 상하게 했어요. 절대 아주머니를 용서하지 않을 거예요!" 앤이 소리쳤다.

앤은 울음을 터트리며 뛰어 나갔다.

"오, 정말 형편없는 아이로군요! 앞으로 저 아이로 인해 많은 문제가 생기겠어요." 린드 부인이 말했다.

"당신은 저 애에 대해 그런 말을 하지 말았어야 했어요, 레이첼. 무례한 말이었어요." 마릴라가 말했다.

"당신이 저 애 편을 들다니 놀랍군요. 당신에게 유감스럽네요, 그뿐이에요." 린드 부인이 말했다.

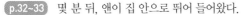 마릴라는 앤과 이야기를 하러 갔다.

"원하시는 만큼 제게 벌을 주셔도 돼요. 저를 깊고 어두운 감옥에 던져 넣으셔도 돼요. 하지만 저는 사과하지 않을 거예요." 앤이 말했다.

"애번리에서는 사람을 깊고 어두운 감옥에 넣지 않는단다. 하지만 너는 린드 부인에게 사과해야 돼."

"저는 그러지 않을 거예요. 저는 영원히 제 방에만 있을
거예요." 앤이 말했다.

"네가 원하는 만큼 방에 있으렴. 하지만 너는 그린
게이블즈에 있는 동안 착한 아이가 되도록 노력하겠다
고 말했잖니."

그날 밤, 매튜가 조용히 앤의 방에 들어왔다. 앤은 창
가에 슬프게 앉아 있었다.

"앤, 네가 그냥 사과하지 그러니? 너와 린드 부인 둘 다 하지
않아야 할 말을 했어. 나는 네가 용서하는 법을 배웠으면 좋겠구나." 매튜가 말했다.

"저는 아까는 무척 화가 났어요. 하지만 지금은 죄송하다는 생각이 들어요. 아저
씨께서 제가 사과하기를 바라신다면 사과할게요."

"그래, 그렇게 해다오. 네가 없으니 아래층이 쓸쓸하구나." 매튜가 말했다.

(p.36~37) 다음날, 앤과 마릴라는 린드 부인의 집에 갔다.

"오, 린드 아주머니. 제가 얼마나 죄송한지 말씀드리러 왔어요. 제발 저를 용서해 주
세요. 만약 저를 용서해 주지 않으신다면 저는 평생 슬퍼할 거예요." 앤이 무릎을 꿇으
며 말했다.

"물론이지, 나는 너를 용서한단다. 그리고 나도 용서해 주면 좋겠구나." 린드 부인
이 부드럽게 말했다.

"오, 물론이에요, 린드 아주머니. 정말 감사합니다. 정말 아름다운 아침이 아닌
가요? 린드 아주머니, 제가 정원에 가서 놀아도 될까요? 정말 아름다워요." 앤이 밝은
미소를 지으며 말했다.

앤은 달려나갔다.

"저 애는 정말 특이하네요. 하지만 내 생각에 마릴라 당신이 저 애를 키우는 걸 즐기
게 될 것 같군요." 린드 부인이 말했다.

"맞아요, 앤과 지내는 것은 분명히 재미있을 거예요." 마릴라가 말했다.

(p.38~39) 며칠 뒤, 마릴라가 앤에게 수수한 새 드레스 세 벌을 주었다.

"지금 옷을 갈아 입어라, 앤. 우리는 배리 씨 댁에 갈 거란다. 다이애나를 만날 거
야." 마릴라가 말했다.

배리 부인이 현관에서 마릴라와 앤을 맞이했다. 앤은 부엌에 앉아 있는 자기 또래의
여자 아이를 봤다. 바로 다이애나였다. 다이애나는 긴 밤색 머리와 갈색 눈을 갖고 있
었다. 배리 부인은 앤과 다이애나에게 마당에서 놀라고 말했다. 두 사람은 밖으로 나

갔다.

"다이애나. 너는 우리가 단짝이 될 수 있을 거라고 생각하니?" 앤이 말했다.

"그렇게 생각해. 나는 네가 그린 게이블즈에 살게 돼서 기뻐. 같이 놀 사람이 생긴다는 것은 기쁜 일 일거야." 다이애나가 말했다.

"영원히 나의 단짝이 되어주겠다고 약속해 줄래?" 앤이 물었다.

"나는 네가 나의 단짝이 된 것을 기뻐하게 될거야." 다이애나가 말했다.

얼마 지나지 않아, 앤과 다이애나는 그들의 모든 여가 시간을 함께 보내게 되었다.

3장 | 앤의 학교 생활

`p.42~43` 곧 9월이 되었고 학교에 갈 시간이 되었다. 앤은 긴장되고 흥분됐다. 학교 가는 길에 다이애나가 앤에게 말했다. "넌 오늘 길버트 블라이드를 만나게 될 거야. 길버트는 무척 잘 생긴데다 똑똑해."

"나는 남자아이들에게는 관심 없어." 앤이 말했다.

교실에서 길버트가 앤을 쳐다봤다. 길버트는 앤에게 말을 걸고 싶었지만, 앤은 창 밖을 바라보고 있었다. 앤은 그녀만의 머나먼 상상의 세계에 있었다.

길버트가 앤의 빨간색 땋은 머리를 잡아 당기며 속삭였다. "홍당무! 홍당무!"

"뭐라고? 이 형편없는 녀석아! 나는 네가 싫어!" 앤이 소리쳤다.

앤은 책을 집어서 길버트의 머리를 때렸다.

`p.44~45` 필립스 선생님이 책으로 앤이 길버트를 때리는 것을 봤다.

"앤 셜리, 왜 그랬니?" 필립스 선생님이 물었다.

앤은 아무 말도 하지 않았다.

"죄송해요, 필립스 선생님. 제 잘못이에요. 제가 앤에게 무례하게 굴었어요." 길버트가 말했다.

하지만 선생님은 길버트의 말을 듣지 않았다. 선생님은 앤을 교실 앞쪽에 서 있도록 시켰다.

앤은 화가 난 얼굴로 그날 학교 수업이 끝날 때까지 서 있었다.

수업이 끝나고, 길버트가 사과하려 했다. 하지만 앤은 길버트를 쳐다보지도 않았다.

"나는 절대 길버트를 용서하지 않을 거야. 나는 길버트를 쳐다보거나 말을 하지도 않을 거야." 앤이 다이애나에게 말했다.

p.46~47 다음날, 아이들 몇 명이 점심시간에 밖에서 놀고 있었다. 그들은 오후 수업에 늦었다. 앤은 선생님 바로 뒤에 교실로 뛰어 들어갔다.

"늦었구나, 앤. 넌 오늘 다이애나와 앉지 말아라. 가서 길버트 옆에 앉거라."

앤의 얼굴이 하얗게 질렸다. 앤은 움직이지 않았다.

"뭐하고 있는 거니? 내 말을 듣지 못했니?" 선생님이 물었다.

"네, 선생님." 앤은 이렇게 대답하고 길버트 옆자리에 앉았다.

"나는 필립스 선생님이 싫어." 앤은 되풀이해서 말했다.

수업이 끝나자, 앤은 자신의 책을 모두 챙겼다.

"나는 학교를 떠날 거야. 절대 돌아오지 않을 거야." 앤이 단호하게 말했다.

p.48~49 그날 저녁, 마릴라는 린드 부인의 집에 갔다.

"앤이 학교에서 문제가 있었다고 들었어요." 린드 부인이 말했다.

"어떻게 해야 할지 모르겠어요. 앤이 다시 학교에 가지 않겠다고 하네요. 저에게 조언을 좀 해주세요." 마릴라가 말했다.

"걱정하지 말아요, 마릴라. 나는 열 명의 아이들을 키웠어요. 그냥 앤을 집에 있게 두세요. 곧 앤이 학교로 돌아가고 싶어할 거예요." 린드 부인이 말했다.

마릴라는 아무 것도 하지 않았고, 앤은 집에 있었다. 다이애나는 그 시간 동안 앤의 유일한 친구였다.

p.50~51 어느 날 저녁, 마릴라는 앤이 부엌에서 울고 있는 것을 봤다.

"무슨 일이니, 애야?" 마릴라가 놀라서 물었다.

"전 다이애나를 너무나 사랑해요. 전 그 애 없이 살 수 없어요! 하지만 그 애가 결혼을 하면 어떻게 하죠? 전 교회에서의 다이애나의 결혼식 장면이 상상돼요. 다이애나는 긴 흰색 드레스를 입을 거예요. 결혼식이 끝나면, 다이애나의 남편이 다이애나를 데려갈 거예요! 오, 전 그녀를 다시 볼 수 없을 거예요."

마릴라는 웃지 않으려고 했지만 참을 수가 없었다.

"넌 정말 상상력이 풍부한 아이로구나!" 마릴라가 말했다. 갑자기 앤은 바보가 된 듯한 기분이 들었다.

며칠 후에 앤은 학교로 돌아가기로 결심했다.

새 학기가 시작되었다. 필립스 선생님이 떠나고, 새로운 선생님이 왔다. 앤은 새로 온 스테이시 선생님이 좋았다. 어느날, 앤은 기쁜 소식을 가지고 집에 돌아왔다.

"크리스마스에 연극 공연을 한대요. 저는 요정의 여왕 역할을 맡았어요. 이미 대사 몇 줄을 외웠어요." 앤이 말했다.

p.52~53 매튜는 다른 모든 여자아이들이 퍼프 소매 가 달린 예쁜 드레스를 입고 있다는 것을 알게 되었다. 앤만 예외였다. 앤의 드레스는 너무 수수했고 항상 앞 치마를 두르고 있었다. 그래서 매튜는 린드 부인에 게 앤을 위한 예쁜 드레스를 만들어 달라고 부탁했 다. 린드 부인은 드레스 만드는 솜씨가 좋았다. 린드 부인은 아름다운 새 드레스를 만들어 주겠다고 약속 했다.

매튜는 크리스마스 아침에 새 드레스를 앤에게 건넸다. 옅은 빨간색의 드레스와 실 크로 만든 머리띠도 있었다. 앤은 울음을 터트렸다.

"마음에 안 드니?" 매튜가 물었다.

"오, 정말 이렇게 아름다운 드레스는 처음 봤어요. 그리고 퍼프 소매도 달려 있어요. 완벽해요. 감사합니다, 매튜 아저씨." 앤이 말했다.

앤은 매튜의 목을 얼싸안고 그의 뺨에 키스를 했다. 마릴라의 눈에도 눈물이 가득 고였다.

p.54~55 학교 연극이 있던 날 밤, 앤은 예쁜 새 드레스를 입었다. 앤은 무대에 서서 자신 있게 대사를 읊었다. 앤은 여느 소녀들 못지않게 예뻤다.

4월의 어느 날, 마릴라가 집에 돌아와 침대에 누워 있는 앤을 보았다.

"오, 저를 보지 마세요. 제 인생은 끝났어요." 앤이 말했다.

"무슨 일이니?" 마릴라가 물었다. 그리고 나서 마릴라는 앤의 머리가 이상하다는 것을 깨달았다.

"오, 앤! 대체 무슨 짓을 한 거니? 네 머리가 녹색이구나!"

"집에 찾아 온 어떤 아저씨에게서 머리 염색약을 샀어요. 그 아저씨는 제 머리가 검 은색이 될 거라고 말했지만, 녹색이 되어 버렸어요. 전 어떻게 하면 좋을까요?" 앤이 말했다.

p.56~57 마릴라는 앤의 머리를 여러 번 감겼지만, 색은 바뀌지 않았다. 앤은 일주일 동안 집에서 매일 머리를 감았다. 머리는 여전히 녹색이었다. 마침내 마릴라가 머리를 모두 잘라내야겠다고 말했다. 앤의 머리는 매우 짧아졌다. 다음날 학교에서 모두가 앤의 새로운 머리 스타일에 대해 이야기를 했다. 오직 다이애나만이 앤의 비밀을 알고 있었다.

그 해 여름, 앤과 친구들이 낡은 배에서 놀고 있었다.

"오늘은 내가 죄수라고 상상하자. 나는 배를 타고 탈출할 거야. 내가 배에 누워 있으면 강물이 다리 아래쪽으로 배를 실어 나를 거야. 너희들은 거기서 나와 만나면 돼." 앤이 말했다.

배가 앤을 태우고 강 아래로 내려가기 시작했다.

p.58~59 하지만 갑자기 앤은 무언가 잘못되었다고 느꼈다. 배 밑바닥에 있는 구멍을 통해 물이 빠르게 들어오고 있었다. 앤은 주위를 둘러보다가 강 위에 뻗은 나뭇가지를 잡았다. 앤이 떨어지려는 순간, 길버트가 배를 타고 나타났다.

"앤, 거기서 뭐 하는 거야?" 길버트가 물으며 앤을 자신의 배에 태웠다.

배가 강가에 도착하자, 앤은 돌아서서 걸어가기 시작했다.

"앤, 기다려. 너를 '홍당무'라고 불렀던 것은 미안해. 우리 친구가 될 수 있을까?" 길버트가 말했다.

앤은 좋다고 대답할 뻔했다. 하지만 앤은 이제까지 길버트에게 얼마나 화가 났었는지가 생각났다.

"싫어. 나는 너와 친구가 될 수 없어, 길버트 블라이드!" 앤이 차갑게 말했다.

"다시는 너에게 묻지 않을 거야, 앤 셜리!" 길버트가 말했다.

길버트는 노를 젓기 시작했다. 앤은 후련한 마음이 들어야 했지만, 대신 울고 싶었다.

4장 | 변화의 해

p.64~65 어느 날 밤, 마릴라는 앤에게 자신이 스테이시 선생님과 이야기를 나눴다고 말했다.

"앤, 스테이시 선생님이 네가 학교에서 공부를 잘한다고 하시더구나. 스테이시 선생님은 네가 샤롯타운에 있는 퀸즈 대학교 입학 시험 준비를 했으면 하시더구나. 만약 네가 시험에 통과해 퀸즈 대학교에 진학한다면, 너는 선생님이 될 수 있어." 마릴라가 말했다.

"마릴라 아주머니, 저는 선생님이 되고 싶어요!" 앤이 신나서 말했다.

그래서 매일 방과 후에 앤과 몇몇 학생들은 늦게까지 학교에 남았다. 스테이시 선생님은 학생들의 시험 준비를 도왔다. 다이애나는 대학교에 가기를 원치 않았기 때문에 일찍 집으로 갔다. 길버트도 남아서 앤과 함께 공부했지만 앤을 쳐다보지도 않았다.

앤은 그 때문에 자신의 기분이 상한다는 사실에 놀랐다. 앤은 길버트를 용서해야 한다는 것을 알고 있었다. 그래서 만약 길버트가 다시 묻는다면, 앤은 좋다고 대답할 것이다.

p.66~67 어느 날 오후, 린드 부인이 마릴라를 방문했다.

"앤이 이제 다 컸네요. 이제 당신보다 키가 커요." 린드 부인이 말했다.

"네, 그래요. 저 애는 훌륭한 숙녀로 컸어요. 매튜와 저는 정말 앤이 자랑스러워요." 마릴라가 말했다.

"그리고 앤은 정말 아름다워요. 저 아름다운 녹색 눈과 적갈색 머리! 앤이 너무 예뻐서 다른 소녀들이 평범하게 보일 지경이에요."

"이제 앤이 없는 삶은 상상할 수도 없어요." 마릴라가 한숨을 쉬며 말했다.

그날 저녁 매튜는 부엌에서 울고 있는 마릴라를 보았다.

"무슨 일이냐?" 매튜가 물었다.

"앤 생각을 하고 있었어요. 앤이 대학교에 진학해 집을 떠나면 그 애가 많이 보고 싶을 거예요." 마릴라가 말했다.

"하지만 주말에는 앤이 집에 올 수 있을 거야." 매튜가 말했다.

p.68~69 매튜는 앤이 그렇게 많이 커버렸는지 깨닫지 못했다. 매튜에게 앤은 항상 그가 기차역에서 집으로 데려왔던 어린 소녀로 남아 있을 것이다.

"나도 앤이 그리울 거야." 매튜가 말했다.

시간이 빠르게 흘렀다. 앤은 열심히 공부했다. 앤은 6월에 중요한 시험을 치렀다. 앤은 초조하게 그 결과를 기다렸다. 3주가 지나고, 다이애나가 신문을 들고 그린 게이블즈의 부엌으로 뛰어 들어왔다.

"봐, 앤! 신문에 났어! 너와 길버트가 일등이야." 다이애나가 외쳤다.

앤은 신문을 받아 들고 명단 제일 위에 있는 자신의 이름을 봤다. 앤은 평생 처음으로, 한 마디도 할 수가 없었다.

"나는 네가 해낼 줄 알았단다." 매튜가 따뜻한 미소를 지으며 말했다.

"잘했구나, 앤." 마릴라가 말했다.

p.70~71 그 후 3주 동안, 앤과 마릴라는 무척 바빴다. 앤은 대학교에서 입을 새 드레스들이 필요했다.

앤이 떠나기 전날 저녁, 앤은 매튜와 마릴라에게 보여주기 위해 새 드레스를 입었다.

마릴라는 행복해 보이는 앤의 얼굴을 보았다. 마릴라는 슬픈 눈을 한 삐쩍 마르고 어린 소녀가 생각나서 조용히 울기 시작했다.

"마릴라 아주머니, 왜 우세요?" 앤이 물었다.

"오, 나도 내가 왜 우는지 모르겠구나. 나는 너를 어린아이로만 생각했었는데. 이제 네가 떠나가는구나. 네가 없으면 나는 외로울 거야." 마릴라가 말했다.

앤은 마릴라의 어깨를 팔로 감쌌다.

"슬퍼하지 마세요. 지금 제가 더 크고 어른스러워졌을지 모르지만, 저는 항상 아주머니의 어린 앤으로 있을 거예요. 아주머니와 매튜 아저씨는 저의 가족이고, 그린 게이블즈는 저의 집이에요. 그건 앞으로도 절대 변하지 않을 거예요." 앤이 말했다.

p.72~73 이듬해 일 년 동안, 앤은 퀸즈 대학교에서의 바쁜 학교 생활을 보냈다. 길버트도 퀸즈 대학교의 학생이었기 때문에 앤은 가끔 길버트를 보았다. 하지만 앤은 길버트에게 먼저 말을 걸고 싶지 않았다. 길버트도 앤을 절대 쳐다보지 않았다.

졸업 무렵 중요한 시험들이 있었다. 앤은 열심히 시험 공부를 했다. 앤은 레드몬드 대학교에 가고 싶었다.

"최고 점수를 받고 싶어. 아니면 에이버리 상을 탄다면, 레드몬드 대학교의 4년 전액 장학금을 받을 수 있을 거야."

에이버리 상은 영어 에세이를 가장 잘 쓴 학생에게 주어지는 상이었다.

앤은 시험 결과 소식을 기다렸다. 마침내, 그 날이 되었다.

"길버트야! 길버트가 최고 점수를 받았어. 금메달을 땄어!" 한 남학생이 소리쳤다.

앤은 실망했다.

하지만 앤은 누군가 소리치는 것을 들었다. "앤 셜리가 에이버리 상을 탔어!"

여학생들이 모두 앤 곁에 다가와 말했다.

"우리는 네가 정말 자랑스러워, 앤."

p.76~77 앤은 기쁜 소식을 가지고 그린 게이블즈로 돌아왔다.

하지만 앤은 뭔가 잘못되었다는 것을 느꼈다.

매튜는 전보다 훨씬 늙어 보였다.

"매튜 아저씨에게 무슨 일이 있나요?" 앤이 마릴라에게 물었다.

"매튜 오라버니의 심장이 문제란다." 마릴라가 대답했다.

"그런데 아주머니도 안 좋아 보이세요." 앤이 말했다.

"나는 항상 두통이 심해서. 곧 병원에 가봐야 할 것 같구나. 그리고 다른 일이 있어. 처치 은행 소식을 들었니?" 마릴라가 말했다.

"네, 그 은행이 곤경에 처했다고 들었어요." 앤이 대답했다.

"맞아. 그런데 우리의 전 재산이 그 은행에 있어. 내 생각에는 매튜 오라버니가 그 걱정을 하는 것 같아." 마릴라가 말했다.

p.78~79 다음날 아침, 매튜가 편지 한 통을 받았다. 마릴라는 매튜가 편지를 읽으며 얼굴이 창백해지는 것을 봤다.

"괜찮으세요, 매튜 오라버니?" 마릴라가 외쳤다.

갑자기 매튜가 바닥에 쓰러졌다. 앤과 마릴라는 의사를 불렀지만, 너무 늦었다. 매튜는 세상을 떠났다.

"심장마비입니다. 최근에 뭔가 안 좋은 소식을 들었나요?" 의사가 말했다.

"네, 오늘 아침에 매튜 아저씨가 편지 한 통을 받았어요. 오, 마릴라 아주머니. 편지에 보니 처치 은행이 파산했대요! 모든 고객들 돈이 다 날아갔대요!" 앤이 외쳤다.

애번리의 모두가 매튜의 죽음을 안타까워했다. 앤은 울음을 그칠 수가 없었다.

"울어도 소용없단다. 매튜 오라버니는 다시 우리에게 돌아오지 않아. 이제 우리는 매튜 오라버니 없이 사는 법을 배워야 한단다, 앤." 마릴라가 나직하게 말했다.

p.80~81 며칠 후, 린드 부인이 그린 게이블즈에 왔다.

"길버트가 애번리에서 선생님이 될 거라고 들었어요." 린드 부인이 말했다.

"잘됐네요. 하지만 앤은 곧 레드몬드 대학교에 갈 거예요. 앤이 그리울 거예요." 마릴라가 말했다.

다음날 마릴라는 병원을 찾았다.

"의사 선생님이 뭐라고 했어요?" 앤이 물었다.

"의사 선생님이 눈이 안 좋다고 하더구나. 안경을 써야 두통이 생기지 않을 거라고 했어. 만약 조심하지 않으면, 6개월 후에 시력을 잃을 거라고 하더구나." 마릴라가 말했다.

앤은 충격을 받았다. 앤은 아무 말도 하지 못했다.

"그린 게이블즈를 팔아야 할 것 같구나. 너는 대학교에 갈 것이고. 나 혼자 이 곳을 꾸려나갈 수 없을 것 같아." 마릴라가 흐느꼈다.

그날 밤, 앤은 자신이 어떻게 해야 할지 오랫동안 생각했다.

p.82~83 다음날 아침, 앤은 마릴라에게 자신의 결정을 말했다.

"우리는 그린 게이블즈를 지켜야만 해요. 여기는 우리의 집이니까요. 저는 레드몬드 대학교에 가지 않겠어요." 앤이 말했다.

"안 돼! 너는 항상 레드몬드 대학교에 가고 싶어 했잖니." 마릴라가 소리쳤다.

"하지만 이제는 이곳 그린 게이블즈에 있고 싶어졌어요. 이 사실이 그 어떤 것보다 더 중요해요. 저는 이 근처 마을 학교 중 한 곳에서 선생님이 되겠어요."

마릴라는 울지 않으려고 했지만, 눈물을 참을 수 없었다.

며칠 뒤에 린드 부인이 방문했다.

"길버트에 관한 소식을 들었어요? 길버트가 애번리에서 가르치지 않기로 했대요." 린드 부인이 말했다.

"왜 그랬대요?" 앤이 물었다.

"길버트는 네가 마릴라 곁에 있고 싶어 한다는 이야기를 들었다더구나. 그래서 그 일을 관두었대. 길버트는 다른 학교에서 가르칠 거라는구나." 린드 부인이 말했다.

"오, 그가 일을 포기하다니 정말 친절하네요." 앤이 말했다.

p.84~85 그날 저녁, 앤은 길버트가 언덕을 걸어 내려가는 것을 봤다. 앤은 걸음을 멈추고 부드럽게 말했다.

"안녕, 길버트."

길버트도 걸음을 멈추고 놀란 눈으로 앤을 바라보았다.

"너에게 감사 인사를 하고 싶어, 길버트. 나를 위해 너의 일을 포기하다니. 그건 정말 친절한 일이었어. 정말 고마워." 앤이 말했다.

"너를 도울 수 있어서 기뻐, 앤. 이제 우리 친구가 되는 거니? 너를 홍당무라고 부른 것을 용서해 주겠니?" 길버트가 말했다.

"나는 오래 전에 너를 용서했어." 앤이 웃으며 말했다.

"우린 분명히 좋은 친구가 될 거야. 집까지 걸어서 바래다 줘도 될까?" 길버트가 말했다.

p.86~87 앤이 부엌에 들어서자 마릴라는 호기심 어린 눈으로 앤을 바라봤다.

"너를 집에 바래다 준 사람이 길버트였니? 기분이 좋아 보이는구나, 앤." 마릴라가 말했다.

"맞아요, 마릴라 아주머니. 길버트와 저는 선의의 경쟁자였지만, 좋은 친구가 되기로 했어요. 우리 모두에게 앞으로 좋은 일만 있을 거예요! 아주머니와 저에겐 서로가 있고 우리는 그린 게이블즈를 지켜나갈 거니까요." 앤이 즐겁게 말했다.

그날 밤, 앤은 오랫동안 창가에 앉아 있었다. 앤은 자신이 그린 게이블즈에 온 후 자신의 인생이 얼마나 많이 바뀌었는지에 대해 생각했다. 한때 앤은 혼자였고 사랑 받지 못했다. 지금 앤은 집도 있고 사랑하고 사랑 받는 느낌이 어떤 것인지 알게 되었다.

앤은 행복한 숨을 깊게 들이마셨다. 앤의 인생은 그녀가 퀸즈 대학교에서 돌아왔을 때 상상한 것과 같지는 않았다. 하지만 미래는 여전히 밝고 희망으로 가득 차 있었다.